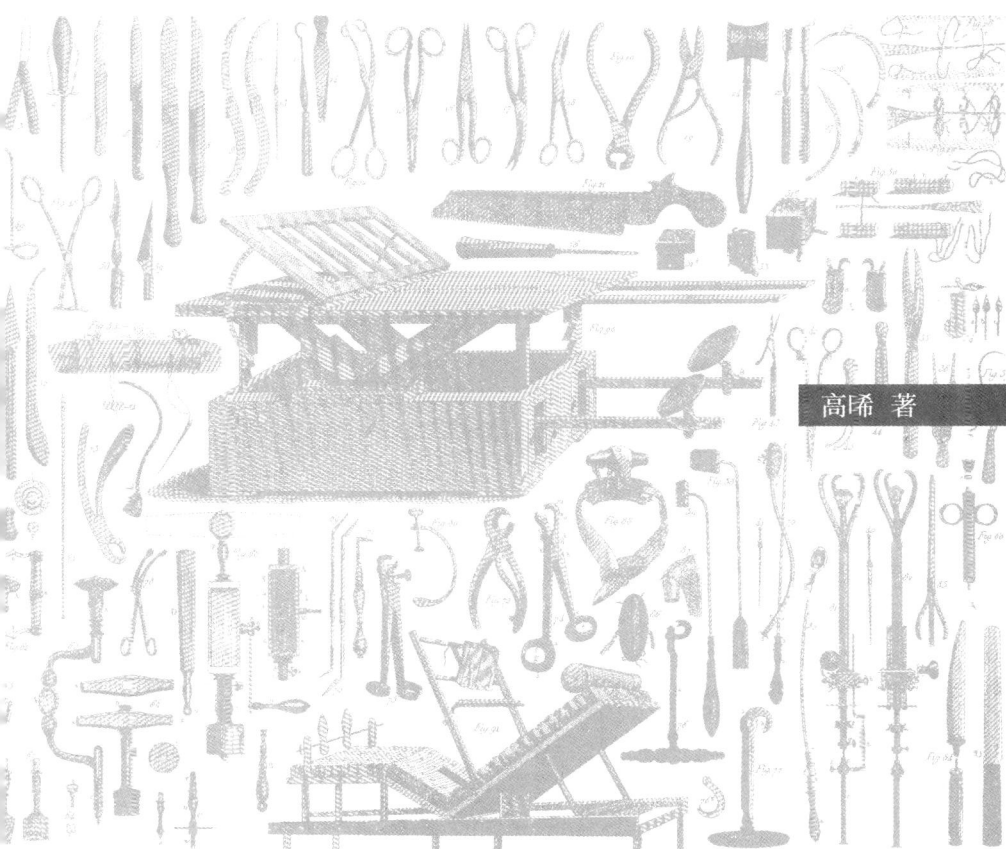

Hoo Loo **何鲁之死**

1831 年震撼全球的医疗事件

高晞 著

中华书局

图书在版编目（CIP）数据

何鲁之死：1831 年震撼全球的医疗事件/高晞著. —北京：中华书局，2024. 8. —ISBN 978-7-101-16668-2

Ⅰ. K140. 5

中国国家版本馆 CIP 数据核字第 2024R3T590 号

书　　名	何鲁之死——1831 年震撼全球的医疗事件
著　　者	高　晞
责任编辑	吴艳红
装帧设计	王铭基
责任印制	陈丽娜
出版发行	中华书局
	（北京市丰台区太平桥西里 38 号　100073）
	http://www. zhbc. com. cn
	E-mail：zhbc@ zhbc. com. cn
印　　刷	天津裕同印刷有限公司
版　　次	2024 年 8 月第 1 版
	2024 年 8 月第 1 次印刷
规　　格	开本/880×1230 毫米　1/32
	印张 8⅝　插页 3　字数 150 千字
印　　数	1-8000 册
国际书号	ISBN 978-7-101-16668-2
定　　价	69. 00 元

高晞

复旦大学历史学系博士，复旦大学历史
学系教授、博士生导师，哈佛燕京学社
访问研究员，中国科学技术史学会常务
理事，中国科学技术史学会医学史专业
委员会副主任。著有《德贞传——一个
英国传教士与晚清医学近代化》（2009）、
《步行者：闻玉梅传》（2021），主编《医
学与历史》（2020）、《本草环球记——
5 世纪以来全球市场上的药物、贸易与健
康知识生产》（2023）。

目录

引　子

1830 年 11 月 13 日，中国广州，英国东印度公司（East India Company）商馆。

公司大班盼师（William Baynes, 1789—1866）收到公司医生郭雷枢（Thomas R. Colledge, 1797—1879）的来函，内容如下：

两年前一位名叫何鲁（Hoo Loo）的中国人来找我，他的生殖器上长有一个巨大的肉瘤，7 年之间，它由一个肿块逐渐生长成为大瘤。经过精确测量与计算，此瘤周长为 44 英寸——纵 36 英寸、横 36 英寸，重达 40 磅。依此瘤的特征判断，采取任何外部治疗或体质性治疗都无法奏效。不过，我认为这块东西可以通过手术切除。然而，鉴于本地现行的法律，手术的治疗方法不可行。

此案例极为罕见，想必会引起我们专业人士的兴趣。我恳请委员会能资助我送这位病人离开本地，前往英国，接受阿什利·库珀（Astley Cooper）爵士的治疗，（去英国切除肿瘤）也是病人急切渴望的事。[1]

东印度公司批复如下：

这是一个极不寻常的案例，医学专业人士会对此感兴趣。然而，同样令人惊讶的是在中国人脑海中产生的信任感，这全归功于郭雷枢先生成功的外科医疗活动，以及他坚持不懈地向中国人灌输英国医学知识。此人完全知道手术可能产生的危险，但他仍渴望此次长途航行，就是为了接受手术治疗。

有鉴于此，为了推进郭雷枢先生的人道主义实践，使中国人保持对英国人的好感，我们已经决定由公司支付这位客人去英国的旅费，……旅费连同购买一些必要的衣服和床上用品，共计185银元。这笔钱将直接从我们的财务部支付，交由郭雷枢先生支配。[2]

　　1831 年 4 月 9 日下午 1 点 30 分，英国伦敦南华克区圣·托马斯街，盖伊医院（Guy's Hospital）解剖学剧场。在数百名伦敦市民的现场注视下，由英国皇家外科学院院长、盖伊医院外科学教授阿什利·库珀（Astley Cooper, 1768—1841）领衔，三位外科医生组成的团队，为何鲁切下了一个重达 56 磅的肿瘤，在长达 1 小时 44 分钟无麻醉的手术过程中，何鲁多次昏厥，最终死在手术台上，时年 32 岁。[3]

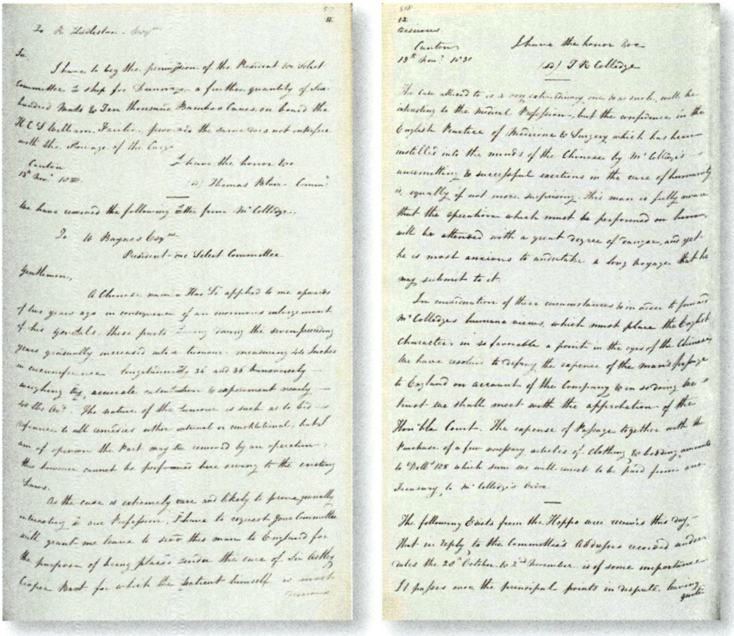

图 1　郭雷枢与东印度公司往来信件

何鲁故事肇始于这两封信件。

1830 年 11 月 13 日，英国东印度公司收到所辖助理医生郭雷枢请求送中国人何鲁去英国治疗肿瘤的信件。考虑到何鲁病例可能会扭转中国人对英国人的态度，东印度公司复信表示愿意承担何鲁的航行旅费。

这两封信淹没在东印度公司浩瀚的文档中，封存了近两个世纪。

东印度公司档案：EIC/G12/244, pp. 517–518, 13 November 1830 (*China and Japan: Canton Factory Consultations, 18 Aug. 1832–21 Feb. 1833*.: Available through: Adam Matthew, Marlborough, East India Company)

第一篇

医学图像："可怜的何鲁和他的肿瘤"

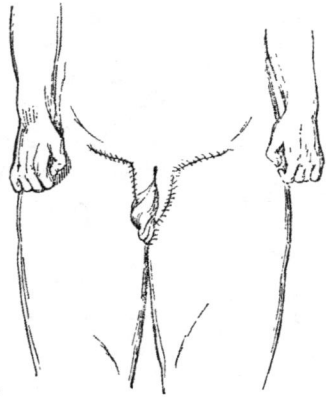

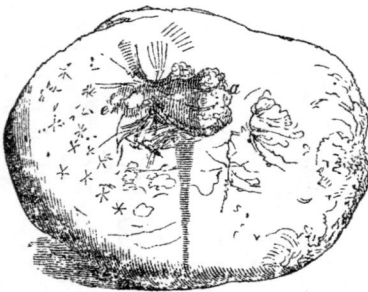

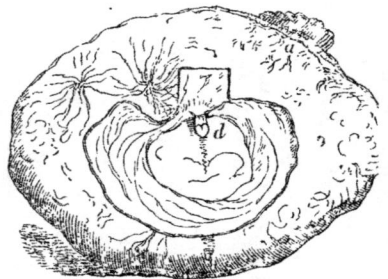

第一章

澳门眼科医院：何鲁与郭雷枢

一、病人何鲁

在目前可见的历史文献中，本书主人公没有中文姓名，他以粤语拼音"Hoo Loo"的名字存在，身份是农民。[1]他的中文名字最早可能出现在 20 世纪 30 年代，中国医史学者王吉民译作"侯路"或"侯鲁"[2]，2020 年学者苏精在《西医来华十记》中将这位病人称"何鲁"。[3]

"Hoo Loo"究竟如何译？

18 世纪末 19 世纪初，东印度公司在广东地区与华人做生意，在他们来往书信和档案中记录的华裔商人的名字多按粤语发音，采用罗马字符记录。为了便于交流，传教士编辑出版多种方言辞典，从中可以查询到当时用罗马字符译写的粤语姓氏。美国汉学家卫三畏（Samuel W. Williams, 1812—1884）在 1841 年出版的《拾级大成》、

1843 年《英华韵府历阶》和 1856 年的《英华分韵撮要》中将 "Ho" 译为 "何""和""荷"和"贺"等多种姓氏。[4]《英华分韵撮要》是卫三畏根据通行的粤语，按音韵整理的，由此可以找到对应粤语的发音，"Ho" 为"何"，意思是 "Why"（为何）。[5] 1935 年，供职于私立岭南大学附属博济医院的美国籍医生嘉惠霖（William W. Cadbury, 1877—1959）为纪念该院百周年庆，著有《博济医院百年》（*At the Point of a Lancet: One Hundred Years of the Canton Hospital*）。书中附有一份以粤语拼音和汉文对照的毕业生名单，其中有一组"何"姓学生，他们的拼音均为 "Hoh"。[6] "Lo" 在上述字典中有"鲁"和"路"的译文。

鉴于《西医来华十记》一书在国内已有较大影响，本书接受苏精的译文——"Hoo" 为"何"，"Loo" 为"鲁"。此外，按西方姓在后名在前的顺序，他的中文名字也很有可能是"鲁何"。查 19 世纪初期史料，在华西医生在记录中国学生名字时，采用的是姓前名后的顺序，比如第一位西医学徒关韬（Kwan A-to），早期留英医学博士黄宽（Wong Fun）。本书沿袭惯例以姓前名后方式，称主人公为"何鲁"。

据档案记录，何鲁来自距广州约 100 英里的新安县

（Singan），新安即今天深圳所在地，广州到深圳的距离是150公里左右，即95英里。何鲁没有父亲，与母亲相依为命。1828年，他慕名到澳门，找到主持眼科医院的郭雷枢医生寻求治疗，最后接受了医生的建议去英国切除肿瘤。他满怀希望地远赴英伦，相信这样的选择既可宽慰年迈的母亲，又可让自己不再成为她的负担。[7]显然，英国医生最终未能实现何鲁的心愿。

当时，广东地区有一种观点：凡是病人进入医院后，因医生治疗死亡，医院要负责病人家属的生活。[8]何鲁去世后，广州商馆并没有负责资助何鲁母亲的生活。反而是澳门几位乐善好施的人士捐赠了一笔钱，交由郭雷枢打理。何鲁母亲一年来一次澳门，从郭雷枢处一次性领取利息作为津贴。领薪时，她需要在单子上签名（sign manual）。这位农村妇女应该不会写字，"名字都是由她的朋友代签"，她在自己名字旁边按上红色指印。[9]何鲁以自己的性命换来了母亲晚年安宁的生活，她就靠着这一小笔钱在新安维持生计。

事实上，何鲁的真实姓名和生平很难追溯了，中文名字的缺失已然说明了一个基本事实：他只是一位极不起眼的小人物，他去英国接受治疗的事件在当地华人社会中几乎不为人所知。当初出资送何鲁去英国的东印度公司，原以为此举可以"维持中国人脑海中已经产生的，对英国医学和外科学技术的信心"，结果因为手术失败而不愿再提及此事，在其档案中未见有任何后续的记录。

二、医生郭雷枢

那么，整个事件的发起者郭雷枢究竟是何许人也？他为什么要兴师动众地要求东印度公司出资送何鲁去英国？

郭雷枢，英国北安普顿郡（Northampton）人，1797年6月11日出生于基尔斯比（Kilsby）的一个"古老庄园"，传说该处曾是英国查理二世（Charles II of England, 1630—1685）的避难所。[10] 在清末民初的中文文献中，郭雷枢曾有许多译名——加律治、哥利奇、哥烈支、哥烈奇，传教士则称其为高呢士[11]或哥利支[12]。1930年代前，使用最多的是哥利支。[13] 1936年张星烺在《欧化东渐史》中译为郭雷枢，1937年陈邦贤在《中国医学史》中沿用此称呼，之后为学界采纳，沿用至今。[14]

1812年，郭雷枢离开家乡，北上来到莱斯特城（Leicester），在有60张病床的莱斯特医院（Leicester Infirmary）当医学徒。1817年，郭雷枢南下来到伦敦，20岁那年进入圣·托马斯医院（St. Thomas' Hospital）阿什利·库珀教授主持的解剖学班学习。[15]

　　郭雷枢在医院的身份是库珀的学徒。19世纪早期，英国的药学和外科学教育主要是建立在由导师雇佣的从事解剖学和外科临床实践的学徒制基础上，学徒通过考试以获取行医资格。[16] 在校期间，郭雷枢被公认为库珀最喜欢的学生之一。[17] 1819年元旦，郭雷枢通过皇家外科医师学会会员考试。[18] 同年，库珀建议郭雷枢去东印度公司工作，郭雷枢进入总部位于伦敦的东印度公司，此后担任船医7年。1826年，郭雷枢随船来华，当他抵达广州时，正值广州商馆医生李文斯顿（John Livingstone, 1770—1829）返英，广州商馆考虑从船医中寻觅人员递补。商馆的书记罗便臣（Sir George Best Robinson, 1797—1855）是郭雷枢的老朋友[19]，他主动邀请郭雷枢代理商馆助理医生，等待董事会同意后正式任职。

　　因此偶然的机缘，郭雷枢便在广州和澳门定居下来，开始了他在中国长达12年的医学生涯。1832年，广州商馆医生皮尔逊（Alexander Pearson, 1780—1874）回国，郭雷枢升职为商馆医生。1833年，郭雷枢在澳门与美国女孩卡罗琳（Caroline Matilda）结婚，卡罗琳娘家姓西拉伯（Shillaber），她哥哥约翰·西拉伯（John Shillaber）是美国第一任驻巴达维亚的爪哇领事。1834年，郭雷枢担任

图 2　约翰·汉克特绘，莱斯特医院和热病屋（1825 年）

　　莱斯特医院是郭雷枢医学生涯的起点。

　　莱斯特市是英格兰最古老的城市，莱斯特医院为皇家医院，创建于 1771 年。病人入院时必须缴纳押金：如果病人回家，押金将被退还；如果病人死亡，押金将被用于埋葬病人。图中右边的热病屋专门收治传染病患者，与主医院分开，后来随着医务室规模的扩大而被拆除。

　　1812 年，年仅 15 岁的郭雷枢从家乡来到这所大城市医院当学徒。五年后，他离开莱斯特南下到伦敦圣·托马斯医院继续当学徒。

Leicester Infirmary & Fever House from the North-east by John Hackett,1825.

图 3　钱纳利绘，郭雷枢与夫人卡罗琳结婚像

　　1832 年 6 月 15 日，郭雷枢来到澳门旗昌洋行的高级合伙人、美国商人罗亨利（William Low, 1795—1834）的家中，给他的侄女罗哈蕊（Harriet Low, 1809—1877）的闺蜜卡罗琳看病。

　　卡罗琳与罗哈蕊是校友，是当时生活在澳门的仅有的两位美国妙龄少女。郭雷枢与罗哈蕊相识已久，罗哈蕊在日记中记载："他是我见过的最好的人，每个人都喜欢他，所有人都对他赞不绝口，可惜他还是一个单身汉。"

　　1833 年 3 月 18 日，郭雷枢与卡罗琳在澳门成婚，罗哈蕊担任伴娘。罗哈蕊的日记记载：当日，广东省省长（Governer）也前来致贺了。

　　婚后，郭雷枢与卡罗琳前往钱纳利画室绘制结婚像。这幅画呈现了这对新人的美好生活，琴瑟和鸣，岁月静好。

Katharine Hillard edited, *My mother's journal, a young lady's diary of five years spent in Manila, Macao, and the Cape of Good Hope from 1829−1834* (Boston: George H. Ellis,1900).

英国首位驻华商务监督律劳卑（William J. Napier, 1786—1834）的医生。[20]1835年，郭雷枢的老朋友罗便臣出任英国第三任驻华商务总督。

广州商馆医生的工作是负责在华20余名商馆人员，以及往来商船停泊在广州期间船员的健康，医生的工作量并不大，时间非常充裕。事实上，商馆医生只能对付普通疾病，当时商船海员死亡率最高的疾病是败血症，商馆医生对此并无良策。1768年公司商船"格兰比"号在驶达巴达维亚之前，船上有26名船员病故，主要原因是长途航海导致食物不新鲜，大部分船员罹患败血症。[21]1770年从伦敦直驶而来的"加尔各答"号，因船上食物腐烂，很多船员染上败血症。[22]1774年"斯托蒙特"号上"有30人染上败血症及其他重病"，连船医和助理医生都生病了。[23]郭雷枢的前任李文斯顿医生就是死于由英国返回中国的途中。[24]

因此，商馆医生的日常工作就是负责商馆人员的身体健康问题，并对商馆环境卫生问题提出建设性意见。比如，他们认为商馆周围的环境不干净，已日积月累地形成了一个垃圾堆。

这个垃圾堆成为这个城市众多麻风病人和

最可怜的乞丐等的收容所。……这里堆存的这些可憎的东西，医务人员认为足以引发瘟疫。[25]

商馆人员听从医生的建议，填平了洼地，搬离了垃圾堆。同时，东印度公司向清政府提出："应将商馆前面空地上最近建立起来的税馆清除。该税馆的官吏从前是住在一艘艇上的。污物堆积不断增加，为了公众的健康、空气和运动等，皆有将其清除的绝对必要。"[26]之后，英方要求清政府改善商业贸易环境的条件之一，就是要保障商馆的环境卫生和行商的身体健康。

早期，商馆允许医生从事私人商业贸易以作经济补贴。[27]19世纪起，东印度公司规定商馆医生不得从事商业活动。1827年，助理医生郭雷枢的薪资是1 000英镑和1 000银元的澳门生活津贴[28]，没有额外的收入。苏精认为这会医生"个人的金钱财富当然极为不利"。商馆医生对此有所抱怨，郭雷枢和东印度公司的船医们便将时间和精力转移至其他方面[29]，发挥自己的专业技能，关心本地华人的健康。

1827年起，郭雷枢利用业余时间在澳门和广州为华人免费施诊。他在"目睹广州澳门间之无数瞽者踽踽街头，杖策而行，不禁尽焉忧之，誓以精力财力为瞽者谋救"之后决定挂牌开业行医[30]，他的设想得到了朋友们的支持。[31]

三、澳门眼科医院

1828 年，郭雷枢利用资助的经费，在澳门租赁了两间房，开设一所针对华人劳工的医院，规模可容纳 40 余名病人。最初郭雷枢打算接收各种类型的病人，但前几年的行医经历让他发现，当时前来寻诊的多数是眼疾患者，于是他将新设的医院命名为澳门眼科医院（Ophthalmic Hospital at Macao）。[32]

郭雷枢不仅专业技术高超，对待病人也真诚尽心，据说为了"在手术中保持手的细腻，他甚至不削铅笔"[33]。众多因患白内障而双目失明的华人病者，经郭雷枢的妙手回春，获得"云开雾散，重见日月"的新生命。喜见光明的病人们手书感谢信，敲锣打鼓将致谢匾额送到医院，他们将郭雷枢比作中国历史上的名医"华佗"和"淳于意"，称其为"英吉利国手"。[34]肇庆、兴宁、新会、鹤山等县区的患者闻讯后纷至沓来[35]，郭雷枢因此声名远扬，享有"灵腕"之号。[36]19 世纪 30 年代，有人将病人赠送的匾额上的赞颂词译成英文，发表在传教士主办的英文报刊

图 4　郭雷枢澳门眼科医院

因"目睹广州澳门间之无数瞽者踯躅街头，杖策而行"，1828 年，在澳门的洋商和华商资助下，郭雷枢租赁了两间房作为眼科医院，免费收治华人患者。

在对付眼疾方面，郭雷枢医术高明，享有"灵腕"之号，医院被民间称为"郭雷枢眼科医院"。

1828 年，何鲁踏进这所医院求治，两年后去伦敦求医。

《中国丛报》上，至少有 16 篇颂辞被公开刊载。[37] 1932年中国医学史家王吉民称郭雷枢为"中国人民之友"。[38]

眼科医院的质量标准和郭雷枢的技术水准还可以从当时流传下来的一幅医院画像得以窥探。画中有一套郭雷枢使用的眼科手术套盒，据英国学者斯蒂芬·马丁考证，该套器械是英国老牌微型外科器械制造商约翰·韦斯（John Weiss）公司制造的最新产品。

正如画中所描绘的那样，郭雷枢的器械盒非常精致（图 5）。盒盖上有四套精细的镊子和剪刀，中间是用于打开眼皮的窥镜钳。盒底放置了约十件象牙柄器械，可能是钩、刀、针和勺。虽然现代眼科手术器械有了许多新的补充，但现代手术室仍在使用郭雷枢的这套器械。……约翰·韦斯制作的一套类似器械（图 6）是郭雷枢时代的产物。韦斯公司从 1787 年开始生产眼科器械，至今仍在生产。[39]

在澳门眼科医院存续的 5 年（1828—1832）内计有 4 000 余病人获得治疗。[40] 那时，广东人直接以郭雷枢眼科医院（Colledge's Ophthalmic Hospital）称之。[41]

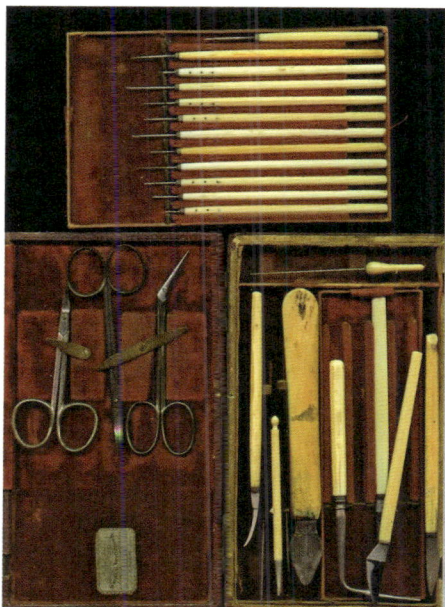

图5　18世纪眼科手术器械

约翰·韦斯公司是一家位于伦敦的外科手术器械制造公司，由奥地利人约翰·韦斯于1787年创建。约翰·韦斯被英国国王威廉四世任命为"国王剃刀制造商"，公司制造的产品被印上了皇家的纹章。

自1787年起，该公司一直生产眼科器械，图中这套眼科手术器械是当时的最新产品。

Ophthalmic instrument set by Weiss of London, 1836–1841. Photograph. Arbittier Museum of Medical History, York Township, PA.

图6　钱纳利绘，郭雷枢澳门眼科医院画像截图

郭雷枢用这套眼科器械为患者开刀施治眼疾。为了能更好地给病人动手术，郭雷枢甚至都不削铅笔，以保护自己的"手"。

当代研究者认为"虽然现代眼科手术器械有了许多新的补充，但现代手术室仍在使用郭雷枢的这套器械"。

1832 年，郭雷枢由广州商馆助理医生升职为医生，不得已关闭医院回广州工作。

四、郭雷枢拒绝手术

盛名之下的郭雷枢眼科医院吸引了广东地区各种病人前往求治，身长巨瘤的何鲁就是众多慕名者中的一员。1828 年，他从新安来到澳门向郭雷枢求助。由郭雷枢写给东印度公司大班的信中可以了解到，眼科医院对如何处理此病例是有多重考虑的。按郭雷枢的专业判断，此瘤必须切除，但是他自己不能也不敢做手术，因为中国的法律不容许手术。这一说辞在 19 世纪初期的中国，似乎显得很合理，当时在华的西人普遍相信这一解释，这亦被后来的研究者广泛引用。[42]

但若是对澳门和广东的西医状况有个简单的了解，便会发现郭雷枢的理由难以令人信服。当时澳门不止郭雷枢眼科医院一所医院，在当地不仅有教会医院和军事医院，还有地方政府雇佣的医生。从现有的研究考察，这些医院有外科医生，虽没有施行过大手术，只提供药物或放血治疗，但有过痔疮手术的记录。[43]

最重要的是，在广东地区是否真如以往学者所认为的，受到法律限制而不能施行手术呢？若是将郭雷枢的澳门眼科医院与同时代的广州眼科医院的治疗情况作一对比[44]，就可一目了然了。

广州眼科医院（Canton Hospital）是英文译名，早期的记录中没有看到有中文名，同时期出版的中文刊物《东西洋考每月统记传》中的名称是"广东省城医院"。[45]目前学者常用的名称是其俗称——新豆栏眼科医局，它于1835年开业，创始人是美国医学传教士伯驾（Peter Parker, 1804—1888），医院的主要资助者也是澳门眼科医院主要资助者之一——怡行洋行的伍浩官[46]，医院开业不到3个月，就施行了第一例外科手术。1836年1月19日，广州眼科医院为一位13岁的小女孩做了右眼部肉瘤的切除手术。[47]1836年11月3日，伯驾又为一位男性患者切除了一个生长了10年的肿瘤。[48]1840年前，伯驾在医院切除过10多例的头部、胫部、颈部和腹部肿瘤，其中还有来自南京的病人。

19世纪的广州法律环境应当比澳门严苛，传统文化的影响亦更强，然而，伯驾却可以随意地进行外科切除手术，并且因为病人太多，医院每周安排固定的日子作为手术日。据当时广州的外国人记载，伯驾在广州开设医院并没有遭到地方政府的反对，相反，他们对医院还很友好。[49]显然，郭雷枢所谓的中国法律不允许手术的借口并不成立。

其实，答案是显而易见的，郭雷枢和他的医院没有能力做这个手术。

其一，郭雷枢是一位没有学位、仅学过两年医学的学徒，虽有行医资格，但他的医疗水平未能达到施行手术的地步。他的医学专业硕士学位（M. D.）是在 1838 年他回英国，进入阿伯丁大学国王学院学习一年后，于 1839 年获得的。[50] 他医疗技术的成熟期恐怕要在 1840 年代之后。

其二，郭雷枢的眼科医院专注眼疾，医院开业期间诊治的均为眼科。[51] 从其提交的医院报告中，仅发现一例非眼科病人——他接治了一位被马车撞倒手臂折断的病人 Tsac Ye。[52] 东印度公司档案中记载的澳门医院"特别重视那些影响视觉器官的疾病"。[53] 简言之，郭雷枢从未有施行非眼疾的手术记录。

其三，郭雷枢判断何鲁的肿瘤必须要切除，如此处理是准确的，只是澳门眼科医院的医疗条件不能胜任手术。仍以伯驾广州眼科医院为参照，伯驾做手术时一般需要有两至三位医生担任助手，主要成员有广州商馆助理医生考克斯（Richard H. Cox）、东印度公司船医柯伦（J. Cullen）、英国首位商务总监律劳卑（William J. Napier）、随团医生安德森（Alexander Anderson）和渣甸（William Jardine, 1784—

1843），其中考克斯是伯驾手术日的常规助手。安德森后来留在香港，成为香港政府第一任医生（1843 年 10 月 1 日）。渣甸原是东印度公司的船医，持有英国爱丁堡皇家外科学院文凭。因参与鸦片走私获利丰厚，后离开东印度公司创办了怡和洋行，1840 年前，他在经商的同时还是会去医院参与伯驾的手术。而郭雷枢的眼科医院仅他和一位名为阿风（Afun）的中葡混血助手。[54]1834 年郭雷枢又在澳门重设眼科医院，1836 年 6 月伯驾访问该医院时，应郭雷枢之邀为其一位病人切除头部肿瘤，郭雷枢担任外科助手，两个礼拜后，病人痊愈回家。[55]

其四，何鲁的肿瘤巨大，超过 50 磅，相当于一个普通人体重的三分之一。在 1847 年麻醉术进入临床使用前，即便是伯驾，在自己的医院中切除的肿瘤最大也没有超过 10 磅。如此艰巨的手术根本无法在中国一家私人眼科医院由一名非专业的外科医生操作施行。

其五，郭雷枢本人拒绝手术，因为他不想承担病人死亡的风险，这也是根本的原因。[56]按当时西人的说法，若华人因西人医疗而亡，西人是必须担负法律责任的。[57]当何鲁抵达伦敦后，媒体报道称广州西医生拒绝给他做手术。[58]

那么中医可有治疗的方法？

中国医学对身体肿瘤有全面的认识。明代《万氏秘传外科心法》之《瘤症总论》记载："古称有六：曰骨瘤，曰脂瘤，曰脓瘤，曰血瘤，曰筋瘤，曰石瘤，以其瘤之中有此物，故指其实而名之也。"针对各类瘤的治法有基本原则：

> 百病皆自内发于外，古人治病用膏药以攻内，针灸以攻外，皆祛也。今瘤之所生，由滞气浊血所成，岂无药以祛之？内服汤药，外贴膏药，内外交攻，表里并治，瘤可愈矣。切不可妄用针刀勾割，恐脓血崩溃，多致夭亡。慎之！慎之！[59]

中国的医生并非没有见到过巨瘤，但尊古人之说，绝不用刀割，唯恐崩血致亡。

五、何鲁模型

尽管怕承担法律责任，郭雷枢并不想放弃对何鲁的治疗，也不想失去这个对英国医学研究极有价值的罕见病例。他想到了自己的母校和导师库珀，或许导师可以解决此问题。郭雷枢将此想法告知何鲁，说服何鲁前往英国接受治疗。在送何鲁去英国之前，郭雷枢还做了一些准备工作。

他花了 30 卢比请中国工匠制作一具何鲁全身的模型，先送去英国盖伊医院。

在模型制作过程中，曾发生过一些小纠纷。当工匠将制作好的模型送到郭雷枢家时，他发现这居然是一具没有肿瘤的作品。郭雷枢问工匠为何不做瘤，工匠表示按当地的风俗，何鲁之所以会生出如此巨瘤，是触犯神灵而受到的惩罚。工匠说，若他接触了肿瘤或制作了肿瘤就会被下诅咒，染上相同的疾病。郭雷枢想以双倍的价钱让其重新制作，却被拒绝了。郭雷枢又想让其他工匠制作，亦被拒，这具全身模型还被何鲁弄坏了。[60] 不过，最终还是有人接下郭雷枢的订单，完成了何鲁人体模型。因为在盖伊医院博物馆的记录中，曾保留着一尊小型的带肿瘤的何鲁石膏像，编号第 2798 号，标明是何鲁来英国之前由亨利（Mr. Henry）提供的。[61]

差不多两年的沟通与准备，郭雷枢应该是在得到了导师的首肯后，作出送何鲁去英国治疗的决定。他慎重地向东印度公司建议资助何鲁去英国治疗，并明言是去盖伊医院请库珀治疗。事实上，郭雷枢对何鲁伦敦之行极度焦虑，他深知何鲁手术的结果会影响到当地华人对欧洲的看法，成功的话会增强他们对西医外科技术的信任与羡慕。当时还有一位病人也在等候信息，以便决定是否要去英国做手术。[62]

何鲁启程赴英伦前，郭雷枢向何鲁说明"手术可能成功，也可能失败"，但何鲁还是义无反顾地启程了。

六、漂洋过海："阿索尔公爵夫人"号

1830 年 12 月 17 日，何鲁乘坐东印度公司商船"阿索尔公爵夫人"号（Duchess of Atholl）漂洋过海前往英国求诊。[63]

18—19 世纪，东印度公司商船从英国到中国的航行是按贸易季计算的，航程一般在 4 个月左右。由伦敦运出的货物在春季与夏季订购，直达的商船通常趁西南季风起锚，从英国的多佛（Dover）海峡出发，在 7 月可以抵达孟买和澳门，有的启程晚，可能到第二年 2 月抵达。在 3—12 月期间，英商与当地华商商谈签订合约，由广州出发的船最早可能在 11 月或 12 月。[64]

"阿索尔公爵夫人"号是一艘帆船，由英国威格拉姆（Money Wigram）公司建造，1821 年 11 月 10 日下水，3 层甲板，4 英寸底，长 166 英尺 4.5 英寸，龙骨 133 英尺 11.375 英寸，宽 43 英尺 2.5 英寸，船舱 17 英尺 1 英寸，翼

板横梁 26 英尺，左舷舱室 29 英尺 4 英寸，腰围 1 英尺 4 英寸，甲板间距 6 英尺 8 英寸和 6 英尺 5 英寸，圆舱 6 英尺 4.5 英寸，中舷 14 个，上舷 13 个，甲板范围 97 英尺，重 1 330 吨。船长是爱德华·丹尼尔（Edward M. Daniel），关于该船的最后记录是在 1833 年。[65] 19 世纪英国海事画家托马斯·惠特康姆（Thomas Whitcombe, 1763—1824）绘制了"阿索尔公爵夫人"号。何鲁就是在这艘帆船上度过了他抵达英国前人生的最后几个月。

1830 年 1 月 2 日，"阿索尔公爵夫人"号从英格兰肯特郡格雷夫森特的诺斯弗利特码头（Northfleet, Gravesend, Kent）启程。船上除了 160 余名船员、东印度公司职员和家属，还有一支庞大的军队，92 名第 14 轻龙骑兵团（Light Dragoons）成员（其中一人在中途去世），以及 30 余名英国皇家第 6、第 20 兵团成员。4 月 20 日，"阿索尔公爵夫人"号抵孟买，这批军人下船。5 月 29 日在孟买有几位旅客上船，6 月 29 日抵新加坡，7 月 26 日抵澳门，7 月 28 日到伶仃岛，9 月 25 日到了黄埔。12 月 17 日，"阿索尔公爵夫人"号在孟买启程回英国，回程名单中有 3 位乘客，他们是何鲁、东印度公司一名员工和一位市民。[66]

乘客名单上何鲁的登记信息为 Holock, Chinese，他是船上唯一的中国人。[67]

The Honourable East India Company's 'Duchess of Atholl'

图 7　托马斯·惠特康姆绘，"阿索尔公爵夫人"号油画

　　1830 年 12 月 17 日，在东印度公司助理船医考克斯陪同下，何鲁在孟买登上东印度公司商船"阿索尔公爵夫人"号（Duchess of Atholl），航往英伦半岛。

　　经受了海洋季风的多重洗礼，满怀信心与希望的何鲁在海上漂泊了 3 个月，终于抵达了英伦半岛。

　　此次旅行中，还有绕不过去的一个问题是：这位广东农民如何犯自一人长途跋涉奔赴伦敦？东印度公司和郭雷枢都没有留下记录。事实上，何鲁是有陪同的，与他一起赴英的是东印度公司助理船医、广州眼科医院的考克斯。[68]

　　关于考克斯的信息并不多。1828 年郭雷枢在广州与美国医生白拉福（J. A. Bradford）共同开设一家眼科医院，医院还有一位医生就是考克斯。[69] 1832 年，郭雷枢由助理医生升职为外科医生后，考克斯进入东印度公司广州商馆，接任助理医生职位，工作至 1834 年广州商馆结束。1835 年起，考克斯一直在伯驾眼科医院工作，专业协助他手术。[70] 在"阿索尔公爵夫人"号的乘客名单中，他属于公司职员，身份是随船外科医生（Surgeon）。在 3 个月的航海旅途中，考克斯精心照料着何鲁。他既是何鲁的医生，又是翻译，出发前，他已撰写了何鲁的疾病情况报告寄给库珀。

　　"阿索尔公爵夫人"号途经大西洋，绕过由东印度公司管理的英国海外殖民地圣·赫勒拿岛（Saint Helena），于 1831 年 3 月 17 日抵达伦敦东部东印度公司所属的黑墙船坞（Blackwall）。整个航程历时 3 个月，相比后来英国传教士来华旅程往往长达半年，何鲁的行程可谓神速。

SHIP'S COMPANY.

SURNAME	FORENAMES	RANK OR POSITION	NOTES
DANIELL	Edward M.	Commander	.
DYER	Thomas F.	Chief Mate	
HEWARD	George	2nd Mate	
HILLMAN	Thomas	3rd Mate	
WELSTEAD	Charles M	4th Mate	.
ROUTH	Edward	5th Mate	
THURBELL	John B	6th Mate	.
COX	Richard H.	Surgeon	
DICKINSON	William	Purser	
LITTLEPAGE	James	Boatswain & Coxwain	
WARDLE	Francis	Gunner	
DELANEY	James	Master at Arms	Drowned at Whampoa 25 09 1830
HOLTON	William	Carpenter	

OTHER PASSENGERS FROM BOMBAY ONWARDS.

SURNAME	FORENAMES	RANK OR POSITION	DATES OF PASSAGE
3 native men	.	Convicts	Bombay 29 05 1830 – Singapore 29 06 1830
DANIELL	Matthew	HEIC Military Service Bombay	Bombay 29 05 1830 – Macoa 26 07 1830
WILLIAMS	Nathaniel	Prisoner	Luitin 28 07 1830 – Gravesend 16 03 1831
JACKSON	John	HEIC Civil Service Canton	2nd Bar 17 0_ 1830 – Portsmouth 13 03 1831
ILBERY	James	Civilian	2nd Bar 17 0_ 1830 – Blackwall 16 03 1831
HOLOCK	.	[Chinese]	2nd Bar 17 0_ 1830 – Blackwall 17 03 1831

图 8 1830 年 12 月 "阿索尔公爵夫人" 号返航乘客名单

考克斯（Cox）医生以公司船医（Surgeon）的身份出现在东印度公司员工的第一栏中。何鲁身份是中国人，以 Holock 的名字出现在乘客名单的最后部分：从孟买返航的其他乘客。

经历 3 个月风吹雨淋的海上漂泊生活，跨越了半个地球的卢国病人何鲁在黑墙船坞踏上了英国的领土。考克斯医生将何鲁送到盖伊医院转交给库珀。[71]何鲁渴望的新生将在此开启。

图 9　弗朗西斯·荷尔曼绘，伦敦黑墙船坞

　　1831 年 3 月 17 日，"阿索尔公爵夫人"号停靠在伦敦东部东印度公司所属的黑墙船坞（Blackwall）。

　　17 世纪早期，黑墙船坞港口是英国在北美和西印度群岛殖民的主要出发点。19 世纪初，东印度公司和西印度公司在此建码头，东印度公司在伦敦与亚洲往来的商船均由此港口出发。

　　跨越半个地球的中国病人何鲁就在这个船坞踏上了英国的领土。考克斯医生将何鲁送到盖伊医院转交给库珀，何鲁渴望的新生将在此开启。

第二章

致命的手术：盖伊医院的解剖学剧场

　　1831 年 3 月 17 日，何鲁抵达伦敦，在库珀医生的安排下住进盖伊医院的路克病房（Luke's Ward）等待手术。在论述何鲁手术前，有几个基本问题需要厘清。

一、何鲁的疾病：阴囊象皮病

　　何鲁究竟患的是什么病？郭雷枢没有作明确的诊断，只记述在其生殖器上方有一个巨大的"Tumour"。"Tumour"在同时代的各类《英汉字典》中有不同的译法，分别为疮[1]、肉瘤[2]和瘤[3]。19 世纪中叶前，教会医院报告中此类瘤的记录并不罕见。待何鲁到伦敦后，盖伊医院对外发布的信息是大瘤（Large Tumour）。[4]手术之后才有正式的病名：Scrotal Elephantiasis，即阴囊象皮病。[5]

象皮病（梵文 ślīpada）一词最早出现在印度医学经典《妙闻本集》（*Suśruta Samhita*）中，在古希腊、古罗马和中世纪波斯的医学文献中都可见到这个病名。[6] 1582年前后，葡萄牙人在爪哇发现象皮病人，象皮病多发生在下肢和生殖器，会导致腿部和阴囊异常肿胀，造成永久性残疾，使病人丧失劳动力，陷入极度的贫困之中，严重畸形的身体还会使患者遭受社会的歧视。类似何鲁这样的象皮病患者，因身材畸形而被污名化，他们只能在耻辱中求生。

18、19 世纪的欧洲医生发现此类病例集中在亚洲和美洲地区，他们将此病与殖民地区的种族低下、经济文化落后与卫生环境恶劣形成某种联想。[7] 18 世纪，科学家研究发现"象皮病"在传统文献中的意思含混不清，基本是指麻风病。他们将象皮病分为希腊象皮病（elephantiasis graecorum）和阿拉伯象皮病（elephantiasis arabum），前者为麻风病，后者为导致腿部和阴囊肿大的象皮病。

直到 19 世纪 60 年代，法国、英国本土医生和在印度的英国医生才真正接触到此类病人，对其进行治疗并展开相关研究。[8] 1870 年代英国医生万巴德（Patrick Manson, 1844—1922）在厦门海关工作时，遭遇了不少象皮病患者。在比较病理学研究和实验室显微镜观察基础上，他发现该病是由一种名为丝虫的寄生虫通过蚊子传染给人，感染并逐渐产生肿瘤，他定名为丝虫病（Filaria sanguinis hominis）。[9] 丝虫病属热带性传染病，目前在亚洲和非洲地区依然存在。[10] 现代医学称之为淋巴丝虫病（Lymphatic filariasis），取代污名化的象皮病名称。[11]

但是，1831 年的英国乃至欧洲医生还都不了解该病的病因，也没有针对性的治疗方案。

二、盖伊医院：一所慈善教学型医院

郭雷枢为何选择盖伊医院？

盖伊医院是一所由慈善家投资建造的教学型医院，与东印度公司有一定的业务往来。

该院创始人托马斯·盖伊（Thomas Guy, 1644—1724）是 18 世纪英国个人捐资最多的慈善家、书商、投资家和国会议员，他曾投资过东印度公司。[12] 盖伊原是伦敦书店的一名学徒，学徒生涯结束后，进入文具公司工作，并开始经营自己的书店。他发现荷兰出版的圣经类印刷品的质量比英国高，于是将荷兰的圣经类书籍进口到英国，从中赢利。1679 年，牛津大学与他签订合同，授权他制作《圣经》、祈祷书和古典文学作品，他由此掘得人生第一桶金。1720 年，他曾投资 1 500 英镑购买东印度公司股票。[13]

1704 年，盖伊出任伦敦最古老的慈善医院圣·托马斯医院院长。该医院最晚在 13 世纪建成，1550 年设立医学院。1707 年，盖伊捐赠 1 000 英镑给医院。任院长期间，盖伊发现医院时常挤满了医生无法治疗的病人，遂决定投资建立一所专收"不治之症"（for incurables）病人的医院。

1721 年，以自己名字命名的"盖伊医院"在伦敦诞生，盖伊担任院长。[14]盖伊医院位于圣·托马斯医院的右边，因投资人和董事会成员重叠，两家医院被称为联合医院。医院医生和教授往往同时在两边工作，学生亦是如此。当年，郭雷枢就是在圣·托马斯医院当学徒的。1825 年盖伊医学校建立，1829 年盖伊医院又获得英国著名解剖学家威廉·亨特（William Hunter, 1718—1783）180 000 英镑的遗产，这是当时英格兰历史上数目最大的慈善遗产之一。

19 世纪，盖伊医院在医学培训与教育领域向高水平发展，建立了独立医学校，闻名世界，吸引了欧洲各国的学生前来求学。[15]随着盖伊医学校声名鹊起，圣·托马斯医院的影响力开始下降。

盖尹医院慈善特性和专攻疑难杂症的特色是郭雷枢选

THOMAS GUY.

FOUNDER OF GUY'S HOSPITAL.

Conferring with Dr. Mead the Physician & Mr. Stear the Architect upon the Plan for the Building.

图 10　盖伊与同道商量盖伊医院建筑图纸（1871 年）

　　图中盖伊医院创始人盖伊（中，弯腰立者）与圣·托马斯医院院长、医生、解剖学讲师理查德·米德（Richard Meade, 1673—1754, 左）和建筑师斯蒂尔（Mr. Stear, 右）商量盖伊医院建筑图纸。

　　盖伊致富后，投资学校，资助救济院和医院；米德是 18 世纪初伦敦最杰出的医生之一，创建了伦敦的育婴堂。二人对济困扶贫的慈善活动有着共同的追求，研究者认为是米德说服盖伊出资创建了盖伊医院。

作者是维多利亚时代画家，擅长绘制历史场景。此画为照片版，收藏于英国维康图书馆。

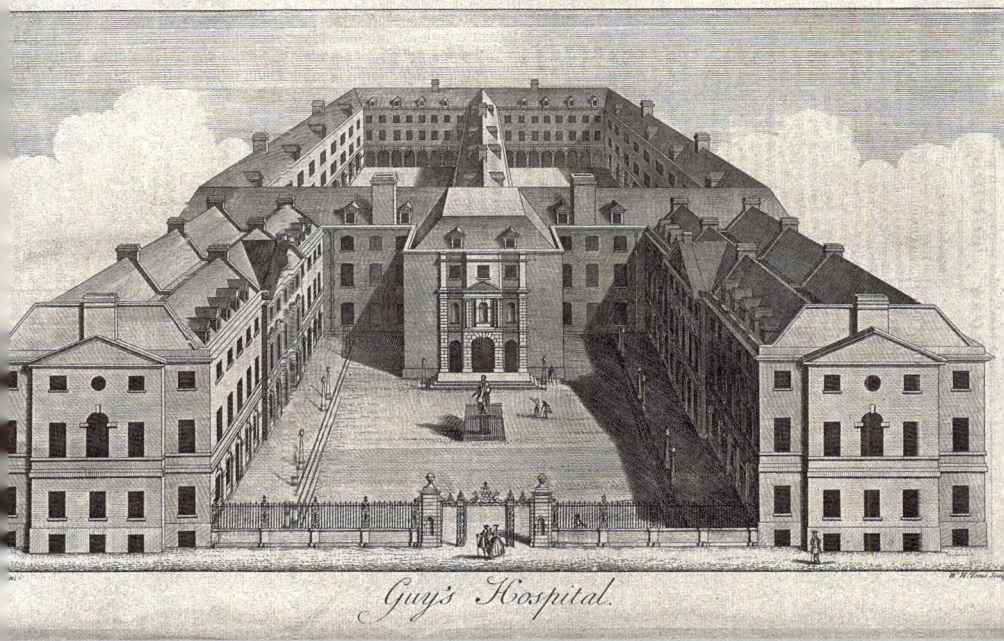

Guy's Hospital.

图 11　盖伊医院全景图（1738 年）

　　盖伊认为虽然有些疾病可以通过药物或外科手术缓解，但由于治愈的希望不大，或者治愈时间过长，被判定为无法治愈者，圣·托马斯医院不适合接收或继续收留。他立下遗嘱，捐赠建立一所医院，能够"接收和治疗 400 名以上、患有各种疾病或病症的穷人"。

　　1721 年医院动工，1724 年 12 月 27 日竣工，医院设有 12 个病房，共 435 张床位，此时，盖伊三去世。

　　1831 年 3 月，专注贫穷病人的盖伊医院打开大门迎接了何鲁的到来。

中其为何鲁治病的重要原因，更重要的是医院有郭雷枢的老师——库珀爵士。

三、库珀医生的名望及与中国的关联

阿什利·库珀是盖伊医院，乃至伦敦最著名的外科医生，19世纪英国著名的解剖学家。[16]库珀师出名门，其老师约翰·亨特（John Hunter, 1728—1793）与兄长威廉·亨特是英国近代解剖学的创始人，后者是盖伊医院的捐赠人。[17]

库珀在盖伊医院担任解剖学教授，他是学生们的偶像，听过他解剖课的学生超过400名。他在解剖学研究上有原创性发现，他发现并命名了人体解剖学中的几处结构，比如库珀筋膜（Cooper's fascia）和库珀韧带（Cooper's ligaments）等。[18]库珀还是英国《1832年解剖法》（*Anatomy Act of 1832*）立法的主要推动人之一。

库珀同时兼任圣·托马斯和盖伊联合医院的外科医生，在这两家医院具有举足轻重的地位。库珀手术经验丰富，开创了许多手术新方法。1808年他成功切除过一例颈动脉瘤[19]，1817年他做过的一例腹主动脉瘤结扎手术，被认为是19世纪外科史上的名案。[20]库珀擅长疝外科手术，被命名为库珀疝（Cooper's hernia），他出版了《疝的解剖学和外科治疗（1804—1807）》（*Anatomy and Surgical Treatment of Hernia 1804-1807*）。疝气是多发于腹股沟和阴囊部位的肿块，阴囊象皮病与疝气在疾病的位置和外部特征方面都比较接近。库珀的手术技术高超精湛，手势优雅，"只要手持手术刀的库珀爵士进来，一切困难就迎刃而解了"。英国医学界评价，外科医生在他的指导下，能"确保以正确的方式，按照正确的指示进行正确的手术"[21]。库珀可谓"桃李满天下"。

1820年，库珀为乔治四世（George IV, 1762—1830）切除了一个受感染的头部皮脂腺囊肿，被授以从男爵。1827年，库珀出任英国皇家外科学院院长。1828年，他被任命为乔治四世的外科中士（sergeant surgeon）。1830年，他就任英国皇家学会副主席。

库珀与中国的关系，不仅仅因为他是郭雷枢的导师，他本人与英国东印度公司和在中国的西医生一直有着一定的关联。1800年，库珀在圣·托马斯医院收了位名叫本杰明·特立弗斯（Benjamin Travers, 1783—1858）的学生，该生毕业后曾在东印度公司担任过外科医生。1813年，特拉弗斯娶了东印度公司总督的女儿，之后回归圣·托马斯医院和盖伊医院担任外科学医生和解剖学家，成为库珀的同

图 12 阿什利·库珀像

阿什利·库珀是 19 世纪上半期伦敦最有影响力的医生，盖伊医院的医生领袖。他既是何鲁手术方案的决策者，更是"何鲁事件"的主导者。

他的学术生涯中隐含了一条与中国关联的线索：从培养郭雷枢，送其进东印度公司工作，与广州西医生保持联络，至接受何鲁来伦敦治疗，最后在手术台前作出改变手术方案的决定。

总之，他对中国的兴趣和对医学创新的追求，决定了何鲁最后的命运。

事。他与库珀合作，共同发表了诸多论文。他擅长眼科，曾是伦敦眼科医院医生，在该领域发表了多篇论文。他还是英国皇室医生，头衔为海军中士，担任维多利亚女王杰出的外科医生（Surgeon extraordinary）和阿尔伯特王子特别任命的常任外科医生（Surgeon in ordinary extraordinary）。[22]

库珀与广州的西医生更有着直接联系。1829年，一只中国女性小脚被送到盖伊医院库珀的手中，这只小脚是从一具漂浮在珠江上的女尸身上取下的。库珀委托盖伊医院的外科医生、他的侄子B.库珀（B. Cooper, 1792—1853）对这只畸形的脚进行解剖考察，以此研究中国女性的"三寸金莲"是否违背人类身体的自然生长。同年3月5日，B.库珀与医院通讯作者、英国皇家学会秘书、生理学教授楼盖特（Peter Mark Roget, 1779—1869）在英国皇家学会宣读了研究报告，称此类研究满足了当时英国医生"解剖的好奇心"（anatomical curiosities）。1835年，广州的《中国丛报》转载此文，更名为《中国女性小脚》。[23]

显然，何鲁并不是库珀和盖伊医院接触的第一个中国畸形病例。而且，在何鲁出发前，盖伊医院已经收到郭雷枢托人送来的何鲁模型和考克斯撰写的病情报告，因此，库珀对何鲁的到来应该是有充分的准备的。

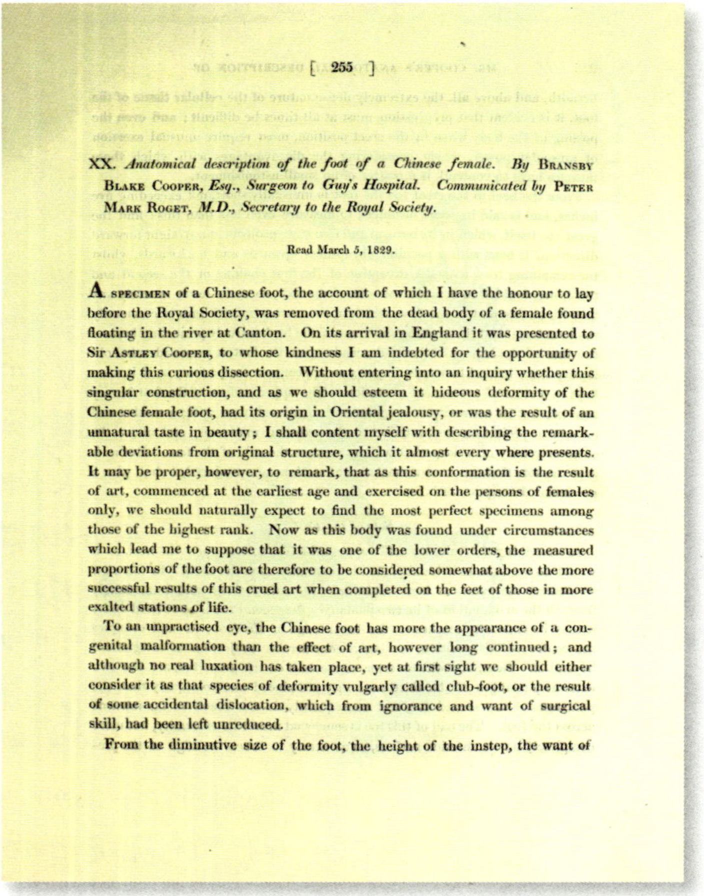

XX. *Anatomical description of the foot of a Chinese female.* By BRANSBY BLAKE COOPER, *Esq., Surgeon to Guy's Hospital. Communicated by* PETER MARK ROGET, *M.D., Secretary to the Royal Society.*

Read March 5, 1829.

A SPECIMEN of a Chinese foot, the account of which I have the honour to lay before the Royal Society, was removed from the dead body of a female found floating in the river at Canton. On its arrival in England it was presented to Sir ASTLEY COOPER, to whose kindness I am indebted for the opportunity of making this curious dissection. Without entering into an inquiry whether this singular construction, and as we should esteem it hideous deformity of the Chinese female foot, had its origin in Oriental jealousy, or was the result of an unnatural taste in beauty; I shall content myself with describing the remarkable deviations from original structure, which it almost every where presents. It may be proper, however, to remark, that as this conformation is the result of art, commenced at the earliest age and exercised on the persons of females only, we should naturally expect to find the most perfect specimens among those of the highest rank. Now as this body was found under circumstances which lead me to suppose that it was one of the lower orders, the measured proportions of the foot are therefore to be considered somewhat above the more successful results of this cruel art when completed on the feet of those in more exalted stations of life.

To an unpractised eye, the Chinese foot has more the appearance of a congenital malformation than the effect of art, however long continued; and although no real luxation has taken place, yet at first sight we should either consider it as that species of deformity vulgarly called club-foot, or the result of some accidental dislocation, which from ignorance and want of surgical skill, had been left unreduced.

From the diminutive size of the foot, the height of the instep, the want of

图 13 《中国女性足部的解剖学描述》

　　1829 年库珀收到东印度公司带回英国的一只中国女性的小脚，为了探究中国式小脚畸形结构与正常足部的区别，盖伊医院医生对此小脚进行了解剖。除了"解剖学的好奇心"，英国医生对中国人的审美观亦充满了好奇。

　　3 月 5 日，库珀的侄子、盖伊医院的医生 B. 库珀和英国皇家学会秘书楼盖特在皇家学会宣读了这篇名为《中国女性足部的解剖学描述》的研究报告，以专业的态度叙述了这个畸形小脚的解剖构造。

B. 库珀和楼盖特：《中国女性足部的解剖学描述》，《英国皇家学会哲学通讯》1829 年第 2 期，第 255—260 页。

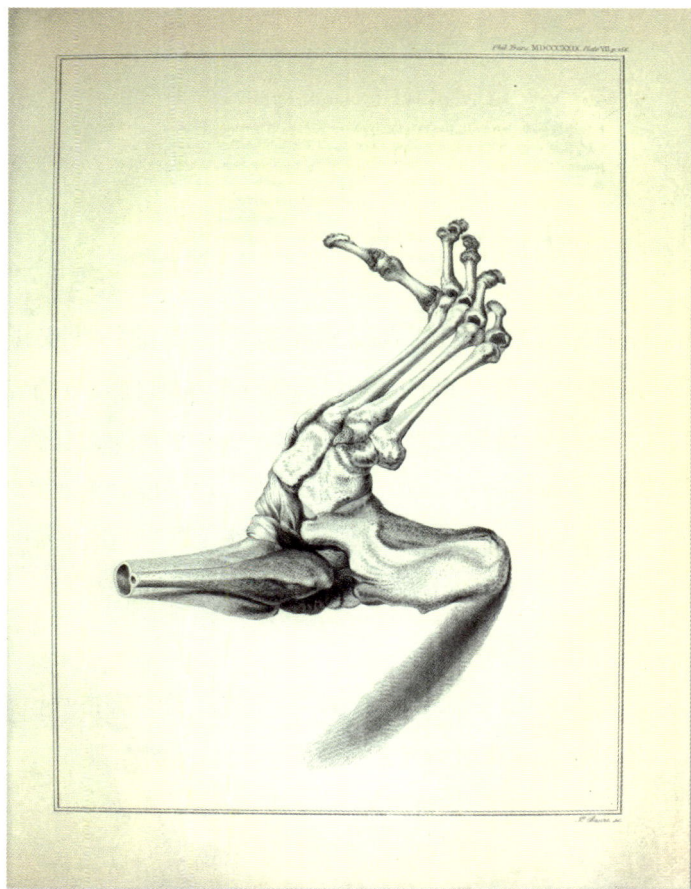

图 14 中国女性小脚的解剖图

这恐怕是世界上第一只女性小脚的解剖图，也是第一次在西方世界展示的中国女性小脚。

这只小脚来自广州珠江上的一具无名女尸，不知广州的西医生是如何切割下它，又是采取怎样的防腐措施，使它能在长达三个月的航海旅程中没有腐烂发臭，安全抵达伦敦盖伊医院。

《英国皇家学会哲学通讯》1829 年第 2 期，第 260 页。

四、何鲁的希望与恐惧

住在路克病房的何鲁受到了盖伊医院的特殊安排，有一位懂中、英双语的人担任翻译，帮助他与护士沟通。[24]医院为何鲁提供以煮熟淀粉为主的食物，且饭量不受限制。何鲁性格和蔼，彬彬有礼，深受医院的工作人员尤其是护士欢迎，他们格外优待何鲁。[25]一段时间后，医院对何鲁的状况作出如下诊断：

> 患者32岁，肿瘤经10年才长到现有状态并对他的身体造成影响：
>
> 腹部肌肉未被压迫；过大的肿瘤使他身体的前部承受了很大的压力，不得不向后仰以保持平衡。他看上去像市议员，肚子占大半，重心移位。……患者体力并未受肿瘤影响，他依旧可以抱起一个健壮的孩子，轻松地扔出去。[26]

医生认为仅从病人身上获取的信息，无法确定病因，医院报告显示"住院后，他的健康状况有所改善，不过，就这一点改善，很难作出明确的评估"[27]。经过两个星期的调养，医生发现何鲁的食欲、身体状况和精神状态都非常好，没有给他用药。

术前医生常去检查何鲁的肿瘤，每次医生让他暴露自己的肿瘤时，何鲁都显得很不情愿，但又很无奈，同时暗示医生此举徒劳无益。尽管何鲁对手术充满了期待，但随着手术日子的临近，他对手术的恐惧感日益骤增。没想到在手术前一天，发生了一件看似十分偶然的事情。

按当时媒体的记载，1831年4月8日，有位德国病人来医院拜访，他曾是库珀的病人，11年前，库珀替他切除了一个与何鲁相似的肿瘤。正巧当时病房里有两个印度水手（Lascar），他们便充当起翻译，将何鲁介绍给德国人。德国人将他开刀前身长肿瘤的图像展示给何鲁看，并向何鲁仔细分享了他的检查和开刀的经过。[28]

媒体并没有报道该病人的名字。通过查找库珀的论文，发现库珀在1821年发表过一篇《成功切除大型脂肪瘤》的论文，从中可以找到这次开刀的记录。1820年10月13日，库珀在盖伊医院为一位名叫皮尔逊（Nicholas Pearson）的病人切除了一个37磅10盎司重的腹部脂肪瘤。皮尔逊是一名水手，17岁时发现在脐部长了一个豌豆大小的肿物，16年后肿瘤发展到一个孩子头部的大小，29 年内肿瘤逐渐增大，至 1820 年病人 57 岁时，肿瘤已大到惊人的地步。当他坐下来时，肿瘤一直延伸到膝盖，他不得不用缠在脖子上的绷带支撑着肿瘤，此时他已不适合出海航行。但即使到这时，巨大的肿瘤也并未给皮尔逊带来身体上的痛苦。身体需要支撑导致的不便，促使皮尔逊来到医院想要切除肿瘤。库珀在论文中写道：

> 手术过程中病人失血不多，……手术后没有出现不良症状，除了第二天有轻微头痛。……8 天后，他可以从床上起来，在病房里行走了。[29]

术后医生重新称了皮尔逊的体重，发现这个肿瘤相当于病人四分之一的体重。论文还附了一张病人开刀前的照片。[30] 由照片看，皮尔逊肿瘤的大小和位置与何鲁的相差无几，症状也相近。

虽然库珀病人的故事是真实存在的，但我们不得不怀疑这个巧合可能是医院有意为之，目的是减轻何鲁对手术的恐惧和对医生的担忧。这个手术前传达善意的小事例，充分展示了 19 世纪盖伊医院的专业化水平和医生的人道关怀。

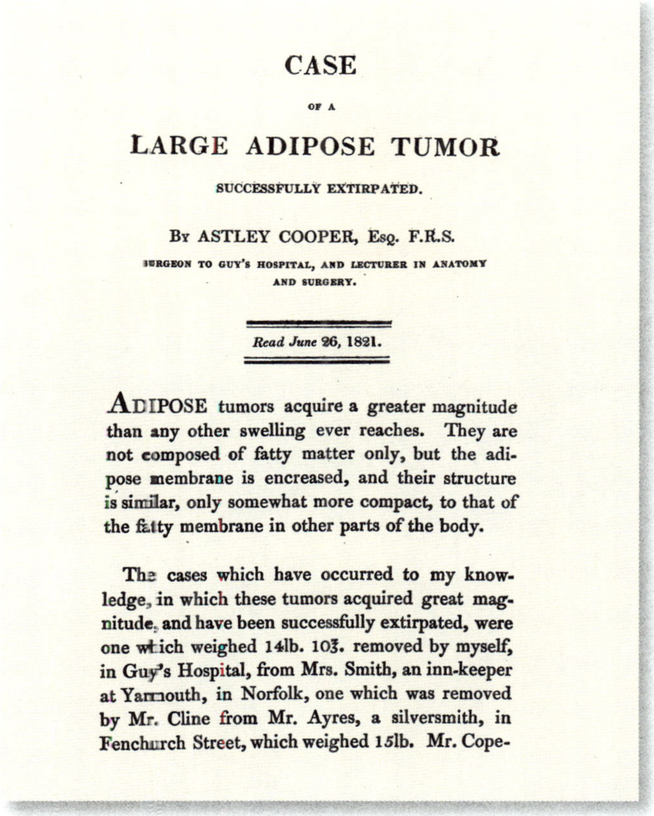

CASE

OF A

LARGE ADIPOSE TUMOR

SUCCESSFULLY EXTIRPATED.

By ASTLEY COOPER, Esq. F.R.S.

SURGEON TO GUY'S HOSPITAL, AND LECTURER IN ANATOMY
AND SURGERY.

Read June 26, 1821.

ADIPOSE tumors acquire a greater magnitude
than any other swelling ever reaches. They are
not composed of fatty matter only, but the adi-
pose membrane is encreased, and their structure
is similar, only somewhat more compact, to that of
the fatty membrane in other parts of the body.

The cases which have occurred to my know-
ledge, in which these tumors acquired great mag-
nitude, and have been successfully extirpated, were
one which weighed 14lb. 10ʒ. removed by myself,
in Guy's Hospital, from Mrs. Smith, an inn-keeper
at Yarmouth, in Norfolk, one which was removed
by Mr. Cline from Mr. Ayres, a silversmith, in
Fenchurch Street, which weighed 15lb. Mr. Cope-

图 15 《成功切除大型脂肪瘤》

　　1820 年 10 月 13 日，库珀在盖伊医院为一位名叫皮尔逊的病人切除了一个 37 磅 10 盎司重的腹部脂肪瘤。

　　11 年后，这位病人在何鲁手术前夜来到医院探望何鲁，给他讲述了自己手术的经过，并展示自己开刀前后的身体变化。

　　这场看似偶然的拜访，效果显著，让何鲁对盖伊医院医生和第二天的手术充满了信心。

库珀：《成功切除大型脂肪瘤》，《医学与外科》1821 年第 11 卷第 2 期，第 440—444 页。

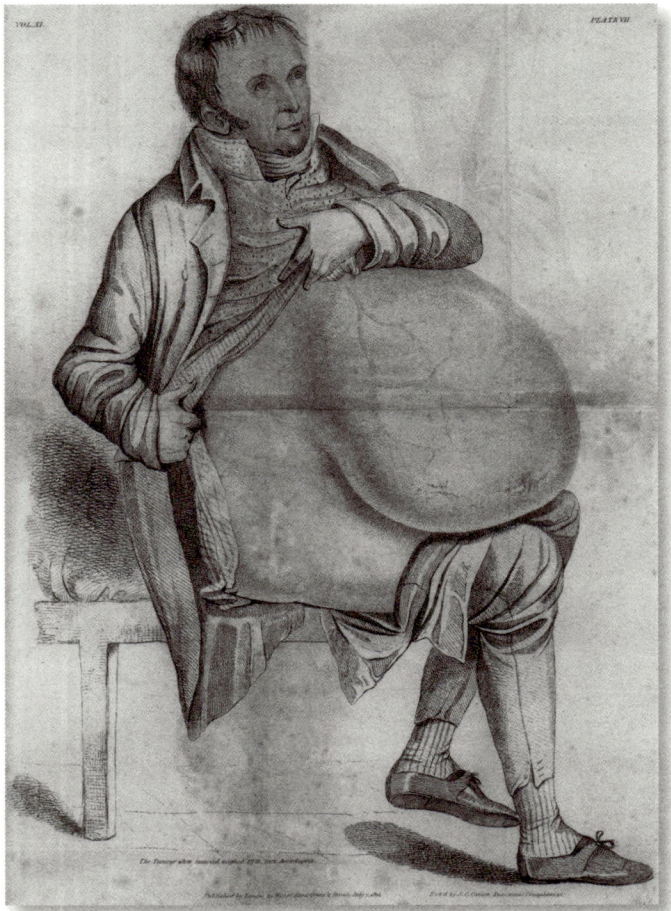

图 16　术前的皮尔逊像

　　17 岁时，皮尔逊脐部长有一粒豌豆大小的肿物，57 岁时腹部脂肪瘤大到惊人，坐下来时肿瘤由全膝盖支撑着。

　　1831 年英国媒体形容他的肿瘤几乎垂到脚趾，并以同样的方式描述何鲁的肿瘤。

　　伦敦的媒体宣传认为，轻松而成功地切除了皮尔逊肿瘤的库珀医生也会帮助何鲁改变命运，此举将彰显英国优于亚洲人的先进科学。

《医学与外科》1821 年第 11 卷第 2 期，第 444 页。

库珀是何鲁的主治医生，此次手术的主刀医生凯（Charles Aston Key, 1793—1849）是库珀的学生。[31]凯的父亲是妇产科医生，凯从 17 岁时随父亲学医，充当父亲的学徒。19 岁时，凯进入圣·托马斯和盖伊联合医院，成为医学校学生。1814 年，21 岁的凯在盖伊医院学习内科和临床外科。1815 年，凯终止了与父亲的师徒关系，成为库珀的学徒，并住进了库珀的家里。1818 年，凯与库珀的侄女结婚。1820 年，凯进入圣·托马斯医院任解剖学示教员，并担任库珀的解剖学助手。1823 年，他成功施行锁骨下动脉结扎手术，并登上《英国医学杂志》(*Transaction of the medical and chirurgical society, vol. 13th*)。1824 年，凯成为盖伊医院全职医生。至何鲁住进盖伊医院时，凯已是伦敦相当有名望的外科医生。同行评价他刀法灵巧，"手术比一般的外科医生高明得多"[32]。

据媒体之后的报道，何鲁在听了德国人的叙述，再看到病人手术前照片和术后真人之后，自然就开始信任英国医生库珀和他学生凯的外科技术。何鲁表示非常期待凯医生能帮他卸下沉重的负担，让他再次以一个"完整的男人"重返故里。[33]

凯医生的确不负重托，手术前夜，依然在仔细思索手术的方案，"花了相当长时间检查和测量肿瘤部位"[34]。

图 17　凯医生像

  凯医生是库珀的徒弟和解剖学助理，是盖伊医院外科医生，手术技术高超，担任何鲁的主刀医生。

  何鲁医疗事件对凯医生影响至深，他将何鲁在手术台上的状态详细地记录下来，并表现出深切的同情。

  何鲁手术虽然失败，但凯个人却因此受到极大关注，盖伊医院将此写入他的传记，在外科手术史上留下浓墨重彩的一笔。

  凯对中国事务尤为关注。鸦片战争之后，他主动表示愿意资助、接收中国医学留学生到盖伊医院进修外科技术。

五、盖伊医院的解剖学剧场：何鲁之手术室

盖伊医院的常规手术日是每周的星期二。正如郭雷枢所预言的，何鲁刚抵伦敦，他的病例便引起了伦敦市内各医院医生和医学生的极大兴趣，大家都想观摩这例手术。由于担心参观人数太多，盖伊医院将手术时间改至公休的星期六：1831 年 4 月 9 日下午。[35]

手术当日，按医院规定只有手持"医院许可证"（Hospital ticket）的学生方可进入手术室观摩，然而，手术室依然人满为患，此外，还有数百位想观摩的非医学界的绅士被拦在手术室外。当天下午 1 点，库珀先生走进手术室（Operation Theatre）对学生们说：由于人数过多，手术将移到可容纳 680 人的解剖学剧场（Anatomy Theatre）进行。[36]

医院中的剧场并非表演戏剧的场所，这个称之为剧场的场所其实是医学院的实验教室。解剖学剧场起源于 16世纪的意大利，它是一间为了解剖学教学演示专门设计的阶梯教室，手术台和解剖台被安置在房间的中央，尸体被放置在解剖台上，便于位于台周围的示教员现场解剖、教授讲解，以及坐在阶梯位置上的学生仔细观摩。出售"医

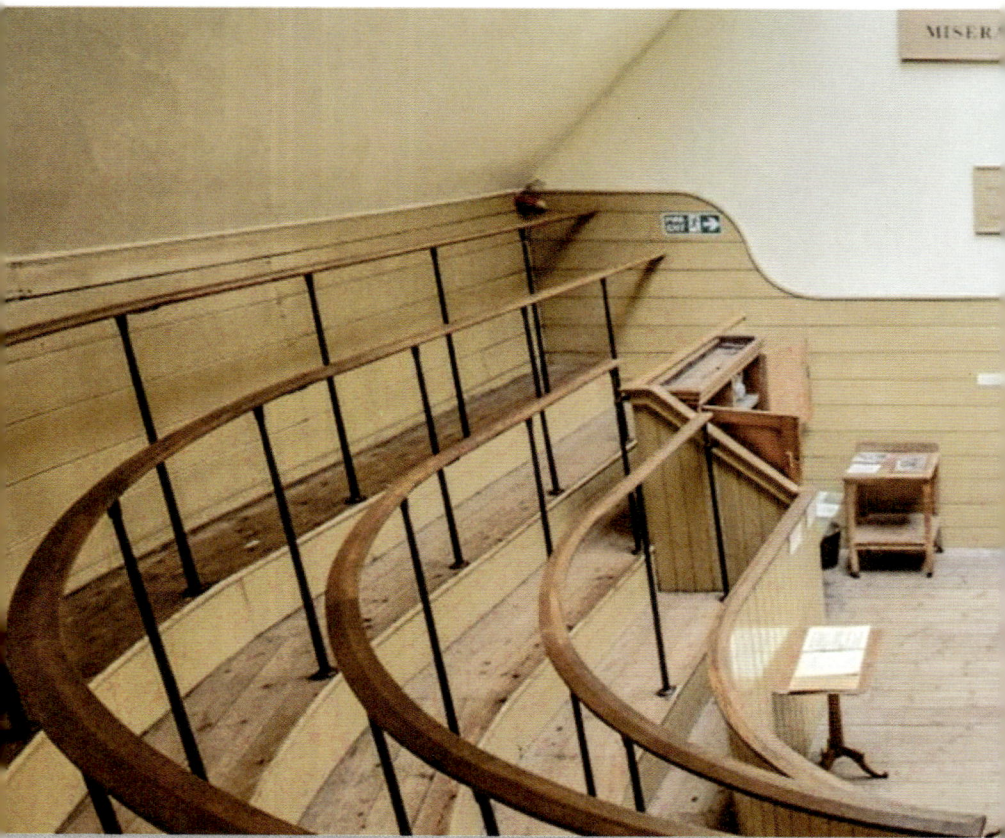

图 18　圣·托马斯医院解剖学剧场原址

　　解剖学剧场起源于 16 世纪的意大利，它是一间为了解剖学教学演示专门设计的阶梯教室，手术台和解剖台被安置在房间的中央，尸体被放置在解剖台上，便于位于台周围的示教员现场解剖、教授讲解，以及坐在阶梯位置上的学生仔细观摩。

　　它同时是供市民消遣的娱乐场所，医院出售"许可证"，除医生、医学生、医院赞助人和城市名流，甚至市民都可以买票观摩教授解剖尸体和做手术，是一个充满血腥、刺激，空气中弥漫着腐烂和臭不可闻气味的场所。

　　现为伦敦城市旅游景点——老手术室博物馆和香草阁楼（The Old Operation Museum & Herb Garret），位于盖伊医院旁边。

院许可证"是一个由文艺复兴后期延续下来的城市市民喜闻乐见的娱乐活动，除医生、医学生、医院赞助人和城市名流，甚至市民都可以买票观摩。[37]研究者是这样描述这个场景的：在灯光昏暗的圆形解剖学剧场里，"作为对死刑犯罪行的额外惩罚，他们的尸体会在观众面前公开解剖。手持许可证的观众看着解剖学家切开腐烂尸体膨胀的腹部，这些部分不仅流出人的血液，还流出恶臭的脓。有时，剧场内还有轻快而不协调的长笛音符伴随着令人毛骨悚然的演示"。法国哲学家卢梭曾说自己是决不会上那儿找消遣的：

这是何等可怕的地方！那里尽是发臭的尸体、鲜血淋漓的肉、腥污的血、令人恶心的肠子、吓人的骨骼，还有那臭不可闻的水气！[38]

在 19 世纪，细菌概念普及和消毒技术发明前，外科医生和教授在解剖学剧场内进行外科手术时，也往往会对社会开放。此时，躺在解剖学剧场手术台的对象已由死尸变为活人，持许可证入场的观众就是为了观赏医生如何玩弄手术技巧，在极短的时间内完成手术。他们还可以从被皮带绑缚在手术台的病人的惊恐神情和绝望的呼叫中获取某种快感。刺激而血腥的外科手术就演变成都市市民的一种特殊的娱乐生活，亦可以起到寓教于乐的社会功能。

1768 年至 1825 年间，在联合医院学校存在期间，盖伊医院的学生在圣·托马斯医院或私人解剖学工作室听课。盖伊医院与圣·托马斯医院在任命库珀爵士的外科和解剖学讲师继任者的问题上，产生了分歧，结果是盖伊医院成立了独立的医学校。理事会同意为医学院建造更多的建筑，包括一个大型演讲厅（解剖学剧场）、博物馆和解剖室。1828 年解剖学剧场扩建。1830 年代，盖伊医院有三个剧场——化学剧场（Chemical theatre）、解剖剧场（Dissecting theatre）和解剖学剧场（Anatomy theatre），解剖学剧场是其中最大的演讲厅。[39]

为了何鲁的手术，盖伊医院的确是煞费苦心，作出了精心的安排。

六、可怜的何鲁：致命的手术

1831 年 4 月 9 日下午 1 点 15 分，已做好术前准备的何鲁，兴高采烈地在路克病房的两名护士、修女和医院组成的护理团队陪同下，进入盖伊医院的解剖学剧场。他脸上露出一副很幽默的样子，准备接受手术。几分钟之后，

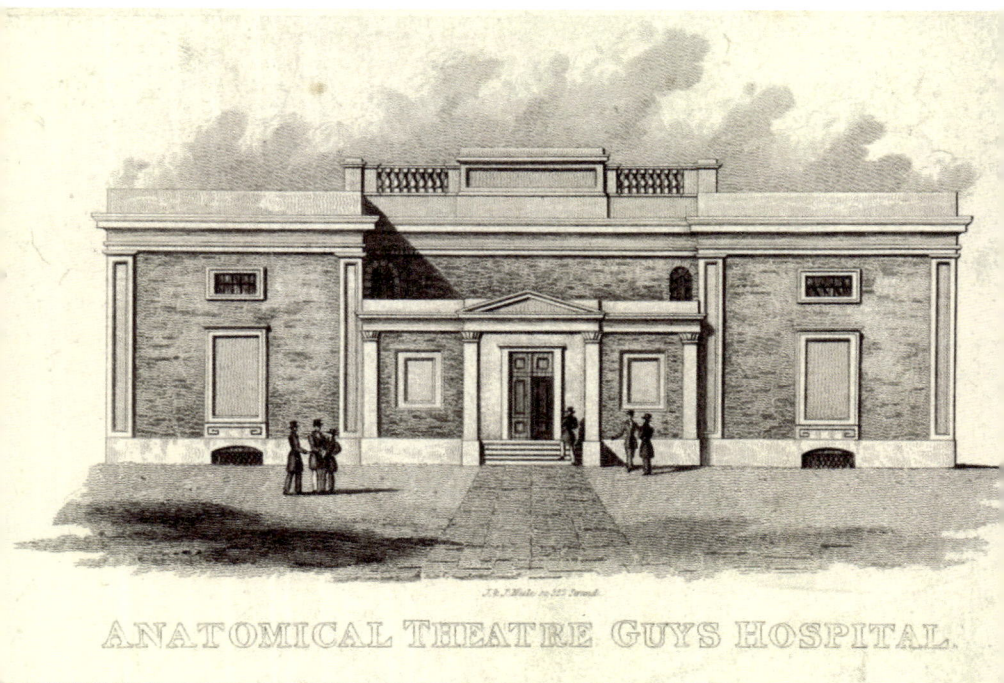

ANATOMICAL THEATRE GUYS HOSPITAL.

图 19　1828 年扩建的盖伊医院的医学院大楼

　　1831 年 4 月 9 日下午，何鲁走进这幢大楼中最大的演讲厅——可容纳 680 人同时观摩手术的解剖学剧场，躺上手术台，等待他信任的医生给他施行手术，让他成为一个"完整的男人"荣归故里，最后却在此走完了他的人生之路。

何鲁躺上手术台，仰卧在枕头上，护士蒙上了他的脸，他的手脚被捆绑固定在手术台上。[40]

何鲁手术团队的主要成员是库珀、凯和卡拉威（Thomas Callaway, 1791—1848）三位医生。[41]凯是主刀，库珀是指导，卡拉威任助手。卡拉威也是库珀的学徒，出师后担任其外科助手。卡拉威虽是英国皇家外科学会成员，但他从未晋升到外科医生的职位，后来他离开盖伊医院，开设私人诊所。在英国皇家外科学院的名册上，卡拉威的职称是普外科医生，事实上，他更擅长内科而不是外科手术。[42]

当时，手术台前挤满了盖伊医院和伦敦地区的十多位重量级医生。除手术团队成员，据《泰晤士报》罗列的现场医生名单，其中有库珀的侄子 B. 库珀，即那位研究中国女性小脚的外科医生，库珀的学生和同事、前东印度公司的外科医生特拉弗斯，就是他将郭雷枢引入东印度公司，这两位医生与何鲁有着间接关联。其他还有盖伊医院杰出病理学家霍奇金（Dr. Thomas Hodgkin, 1798—1866）；肾脏病专家布赖特（Dr. Richard Bright, 1789—1858），他是英国肾脏病研究的先驱，曾留下"布赖特疾病"（Bright's disease）之名；外科医生摩根（John Morgan, 1797—1847），他是库珀在圣·托马斯医院时的同事；现任英国国王学院

图 20 卡拉威医生像

卡拉威医生是何鲁手术团队成员之一，是库珀的徒弟和外科助手。在何鲁手术过程中，他的职位也是助理。他是英国皇家外科学会成员，但更擅长内科。

外科学院院长格林（Joseph H. Green, 1791—1863），他擅长取石术，后来成为英国诗人和浪漫主义运动创始人柯勒律治（Samuel T. Coleridge, 1772—1834）的遗产执行人；伦敦大都会皇家儿童疾病医院外科主任亨切琛（Alexander Copland Hutchison, 1786—1840）；伦敦医生斯特劳德（William Stroud, 1789—1858），他曾在盖伊医院学习药剂学；眼外科医生斯科特（John Scott, 1799—1846），据记载他是一位可快速作出诊断、大胆行医的外科医生，是英国第一位施行上颌切除手术的医生，但也是一名对病人粗暴、很少关心病人感受的医生，他著有《慢性炎症和关节疾病的外科观察》。手术台前还挤着一位非医职成员——苏格兰人帕克（Mr. Parke），媒体特别注明他是探险家芒戈·帕克（Mungo Parke, 1771—1806）的弟弟，芒戈最出名的探索旅程是在西非考察了尼日尔河。另外，有两位无法找到相关信息的成员是巴里先生（Mr. Titus Barry）和庇德考克医生（Dr. Pidcock）。[43]

术前，库珀与两位医生短暂商量后，决定尽可能保留患者的生殖器，之后，凯开始手术。手术过程一波三折，其结果完全超出了医生的预期。为了准确而专业地描述手术的实际过程，下列引文源自术后一个星期，手术团队医生发表在《柳叶刀》上的论文：

　　经过长时间的操作，阴茎和睾丸还未从肿瘤内分离出来，此时手术的不良预后已经显现出来。由于该患者性功能未受损，偶尔有遗精，因而医生决定将生殖器官从肿瘤内剥离并保留。然而，该部分手术如此复杂，手术时间过长，让阿什利·库珀爵士不得不提出舍弃患者的生殖器官，其他两位医生也同意了他的建议。因此，在每一根精索和阴茎周围进行临时结扎，并将它们分开，为切除整个肿瘤，手术的其余部分将单独进行。在剥离肿瘤、缝合组织过程中，为了让病人从阵发性的无力或虚脱状态中恢复，整个手术间断进行，持续了一小时四十四分钟，手术结果远远超出术前最坏预想。患者在术中共发生两次意识丧失，在后续的手术中，均处于意识不清状态。手术出血量由多位助手分别进行估量，有说14盎司，也有说30盎司，我们估测患者失血量应为25盎司左右。尽管出血量不大，术者认为在这种情况下，出血将会直接导致患者死亡。我们认为，该动脉出血量不超过一盎司（不多）；随后采取快速、熟练结扎术，很多大静脉被分离，除两条精索外，只剩三条小动脉。肿瘤切除后不久，患者再次昏厥（如果前半小时是不完全昏厥），意识完全没有恢复。为改善这种状态，我们采取一系列补救措施，但都没有起作用：按摩四肢保温；心前区保暖；向胃内灌入白兰地和水；最后，怀疑失血过大，从一名学生（在几个人之中可以承受献血）的手臂向患者输血 6 盎司。病人心脏搏动明显逐渐衰弱，术后病人仅有呼吸，后进行人工呼吸，无效。[44]

从技术上分析，库珀最初采取的是与他 11 年前给皮尔逊施行脂肪瘤切除术相仿的方案，但手术过程出现了库珀意想不到的情况，手术时间过长，手术台上的何鲁多次昏迷，迫使库珀不得不在手术台前更改方案，作出放弃何鲁生殖器的决定，从而完成肿瘤切除手术。

4 月 14 日上午，在获得东印度公司的许可后[45]，医生对何鲁进行了尸检。4 月 16 日，手术团队以"盖伊医院：从脐下至肛门前缘、重达 56 磅肿瘤的切除手术"为题在《柳叶刀》发表论文，详述手术经过和尸检结论。[46]

医学报告中，同时公布了与论文相配的四幅图像：

第一幅　身患肿瘤的何鲁全身直立像；

第二幅　肿瘤切除后患者裸体的局部外观；

第三幅　肿瘤（倒置）下面观。

第四幅　肿瘤上面观。

第一幅全身像应当绘于手术前，第二幅半身裸体像应该是医生在尸检后，按病人的尸体绘制的，肿瘤切除后的皮瓣已被缝合，生殖器也被重新缝合回去。何鲁双手握紧的拳头，呈现了他临终前的状态。

《柳叶刀》保留了何鲁留给世人唯一的真人画像，这是本书出现的何鲁第一像，医生标识的说明是："可怜的何鲁和他的肿瘤"。

综合上述手术报告，可以获取关于何鲁死亡的一些关键信息：

1. 手术中病人两次昏厥和阵发性虚脱，为了让病人恢复体力，医生多次中止手术。

2. 手术时间超长，中途临时修改方案，放弃保留生殖器的原计划。

3. 手术完成后，病人再次昏厥，没有意识；医生采取按摩、灌白兰地和人工呼吸等方式抢救。

4. 疑病人失血过多，现场有一名学生向何鲁手臂中输入 6 盎司血。

5. 抢救失败，病人死亡。

医生在报告中并没有给出病人死亡的直接原因。尸

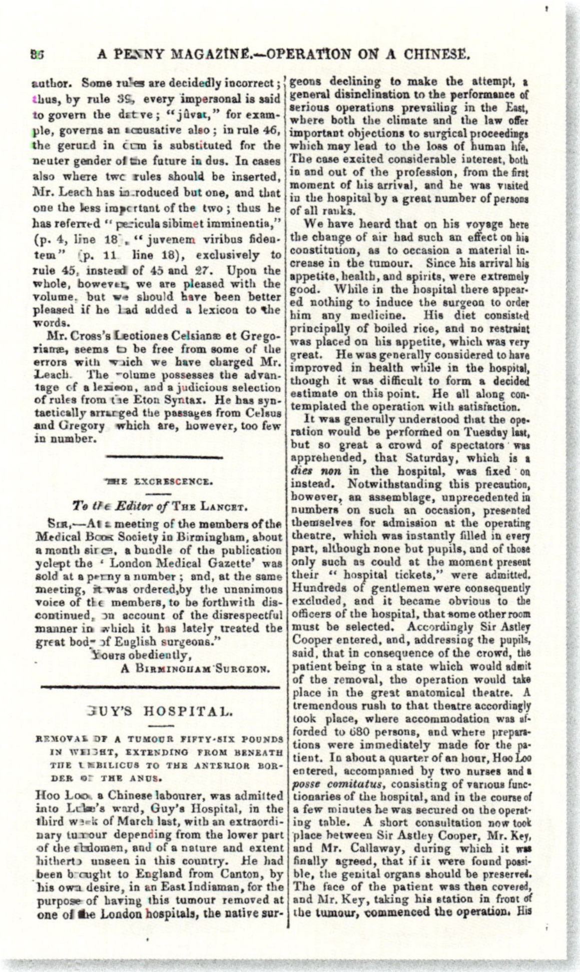

author. Some rules are decidedly incorrect; thus, by rule 39, every impersonal is said to govern the dative; "jûvat," for example, governs an accusative also; in rule 46, the gerund in dum is substituted for the neuter gender of the future in dus. In cases also where two rules should be inserted, Mr. Leach has introduced but one, and that one the less important of the two; thus he has referred "pericula sibimet imminentia," (p. 4, line 18), "juvenem viribus fidentem" (p. 11, line 18), exclusively to rule 45, instead of 45 and 27. Upon the whole, however, we are pleased with the volume, but we should have been better pleased if he had added a lexicon to the words.

Mr. Cross's Lectiones Celsianæ et Gregorianæ, seems to be free from some of the errors with which we have charged Mr. Leach. The volume possesses the advantage of a lexicon, and a judicious selection of rules from the Eton Syntax. He has syntactically arranged the passages from Celsus and Gregory which are, however, too few in number.

THE EXCRESCENCE.

To the Editor of THE LANCET.

SIR,—At a meeting of the members of the Medical Book Society in Birmingham, about a month since, a bundle of the publication yclept the 'London Medical Gazette' was sold at a penny a number; and, at the same meeting, it was ordered, by the unanimous voice of the members, to be forthwith discontinued, on account of the disrespectful manner in which it has lately treated the great body of English surgeons."

Yours obediently,
A BIRMINGHAM SURGEON.

GUY'S HOSPITAL.

REMOVAL OF A TUMOUR FIFTY-SIX POUNDS IN WEIGHT, EXTENDING FROM BENEATH THE UMBILICUS TO THE ANTERIOR BORDER OF THE ANUS.

Hoo Loo, a Chinese labourer, was admitted into Luke's ward, Guy's Hospital, in the third week of March last, with an extraordinary tumour depending from the lower part of the abdomen, and of a nature and extent hitherto unseen in this country. He had been brought to England from Canton, by his own desire, in an East Indiaman, for the purpose of having this tumour removed at one of the London hospitals, the native surgeons declining to make the attempt, a general disinclination to the performance of serious operations prevailing in the East, where both the climate and the law offer important objections to surgical proceedings which may lead to the loss of human life. The case excited considerable interest, both in and out of the profession, from the first moment of his arrival, and he was visited in the hospital by a great number of persons of all ranks.

We have heard that on his voyage here the change of air had such an effect on his constitution, as to occasion a material increase in the tumour. Since his arrival his appetite, health, and spirits, were extremely good. While in the hospital there appeared nothing to induce the surgeon to order him any medicine. His diet consisted principally of boiled rice, and no restraint was placed on his appetite, which was very great. He was generally considered to have improved in health while in the hospital, though it was difficult to form a decided estimate on this point. He all along contemplated the operation with satisfaction.

It was generally understood that the operation would be performed on Tuesday last, but so great a crowd of spectators was apprehended, that Saturday, which is a *dies non* in the hospital, was fixed on instead. Notwithstanding this precaution, however, an assemblage, unprecedented in numbers on such an occasion, presented themselves for admission at the operating theatre, which was instantly filled in every part, although none but pupils, and of those only such as could at the moment present their "hospital tickets," were admitted. Hundreds of gentlemen were consequently excluded, and it became obvious to the officers of the hospital, that some other room must be selected. Accordingly Sir Astley Cooper entered, and, addressing the pupils, said, that in consequence of the crowd, the patient being in a state which would admit of the removal, the operation would take place in the great anatomical theatre. A tremendous rush to that theatre accordingly took place, where accommodation was afforded to 680 persons, and where preparations were immediately made for the patient. In about a quarter of an hour, Hoo Loo entered, accompanied by two nurses and a *posse comitatus*, consisting of various functionaries of the hospital, and in the course of a few minutes he was secured on the operating table. A short consultation now took place between Sir Astley Cooper, Mr. Key, and Mr. Callaway, during which it was finally agreed, that if it were found possible, the genital organs should be preserved. The face of the patient was then covered, and Mr. Key, taking his station in front of the tumour, commenced the operation. His

图 21 《柳叶刀》上刊载的何鲁手术及尸检报告论文

1831 年 4 月 16 日，何鲁手术团队以"盖伊医院：从脐下至肛门前缘、重达 56 磅肿瘤的切除手术"为题在《柳叶刀》发表手术及尸检报告论文。

在论文中，医生承认除了一个重达 56 磅的脂肪瘤，何鲁身体没有任何体质性疾病，胃和其他脏器都很正常。这意味着，除了所长的一个良性巨瘤，何鲁是一个完全健康的人，而且那个瘤对其生命也没有任何危害，甚至庞大的肿瘤都不曾影响他的力气。

《柳叶刀》第 16 卷第 398 期，1831 年 4 月 16 日，第 86 页。

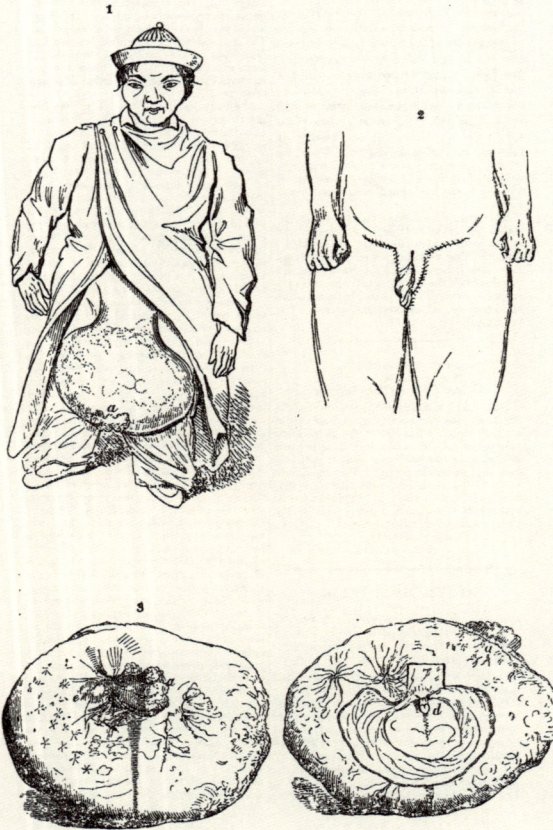

图 22 《柳叶刀》上刊载的何鲁及其肿瘤画像

　　第一次呈现在世人面前的何鲁画像，包括生前长有巨瘤的全身画像、切除肿瘤后已没有生命体征的下半身像，及肿瘤正反面像。

　　术后的何鲁实现了身体形态正常的愿望，但却付出了惨痛的生命代价。医生给这组图命名为"可怜的何鲁和他的肿瘤"。

《柳叶刀》第 16 卷第 398 期，1831 年 4 月 16 日，第 89 页。

检结果表明，切除的是一个重达 56 磅的脂肪瘤。何鲁身体没有任何体质性疾病，胃和其他脏器都很正常。这意味着，除了所长的一个良性巨瘤，何鲁是一个完全健康的人，而且那个瘤对其生命也没有任何危害，甚至庞大的肿瘤都不曾影响他的力气，"他依旧可以抱起一个健壮的孩子，轻松地扔出去"[47]。

值得注意的是这份报告所呈现的一些情感元素。比如，作者对何鲁在手术中表现出的非凡勇气和坚韧意志表示敬佩，认为这是"外科学史少见的事例"；再如，作者回忆了何鲁生前的个性，他是一个性格和蔼的人，"当他思考时，会显得些许忧郁；其他时候，他是非常开朗与和善的"。性格温和的何鲁在路克病房受到医生和护士的特别照顾。在闻知他去世的消息后，修女们和同病房的病友都流下了眼泪，对他的遭遇倍感同情。此类充满人性化的文字描述与科学家在实验过程中必须保持冷静理性的标准并不相符，医生的情感表达一般不会出现在正式的实验或手术报告中，同样是一例巨瘤切除手术的论文，10 年前库珀的论文就没有诸如此类的情绪记录。这至少说明何鲁的个人品性和他对盖伊医院的信心感染了医生，他的死最终激发了手术医生的悲悯之心。

这则引人注目的病例报告，迅速被欧美医学界的权威刊物转载，出现在英国《伦敦医学与物理学杂志》《格拉斯哥医学杂志》和丹麦《图书馆杂志》等刊物，美国《纽约医学与外科学杂志》以"切除了一个重达 56 磅、从脐下延伸到肛门前缘的肿瘤"为题报道了此项手术。[48]

七、"现代外科学就是一个吸人血的吸血鬼"

然而，在刊发何鲁手术报告同一期上，《柳叶刀》的编辑三次以"不明智"这样的词汇对医生提出尖锐的批评，认为手术团队在操作过程中犯下了"非常严重的错误"：

> 第一，对一位刚来到本国，还未适应不同气候的中国人施行这样一个重要手术，是不明智的，特别不理性。第二，在过去的几个月里，病人一直暴露在纯净而清爽的海风中，手术却在一个拥挤的不适合呼吸的剧场里进行，也是不明智的。

《柳叶刀》提出何鲁之死与旅行环境和手术氛围相关联的说法是有理论依据的。18 世纪至 19 世纪早期，欧洲医学深受"医学地理学"思想的影响，认为一个人的体质要适应特定的气候，尤其是在旅行期间需要特别小心。

《柳叶刀》的编辑认为在跨越大西洋的航行中，必定要跨越不同类型的气候，盖伊医院医生在手术前已经发现，经过长途跋涉抵达伦敦后，何鲁的肿瘤有所增大。[49]

编辑质疑医生第三个不明智的行为是：当病人处于昏厥或是失血性昏厥状态时，当病人的神经系统出现惊颤反应时，医生为什么不放下手术刀？为何不终止手术？何鲁多次昏厥，医生只是暂停手术，待他意识恢复后，继续进行手术，这是最为不明智的做法。编辑的结论是：手术的时间和地点的选择，即使不是致命的，也是不专业的。[50]

在此，有必要对《柳叶刀》与联合医院（圣·托马斯医院和盖伊医院合称）的关系作简单梳理。

《柳叶刀》是由英国国会议员托马斯·威克利（Thomas Wakley, 1795—1862）在1823年创办的一份医学刊物。取"柳叶刀"（*The Lancet*）为名与威克利的职业有关。威克利曾当过外科医生兼验尸官，手术刀是他工作中必不可少的工具，柳叶刀是其中一种手术器械。威克利曾就读于圣·托马斯医院，之后在联合医院登记注册，25岁时成为圣·托马斯医院院长的女婿。因而，威克利和他的《柳叶刀》与联合医院及医院医生有着渊源颇深的密切关系。刊物创办之初，威克利经常刊发联合医院医生包括庐珀等人的演讲和医学报告，《柳叶刀》逐渐成为英国权威的医学杂志，英国其他医院的外科手术报告和医生的最新成果也较多选择在《柳叶刀》最先发表。但威克利在编辑刊物时始终秉持公正、开放的姿态，给不同意见者创造充分争论的空间，杂志编辑部通过撰写"编者按"坚持学术刊物的批判性原则。在何鲁事件发生的前后几十年间，《柳叶刀》刊载过多起医生手术技术拙劣的报道，生动地描绘了在没有麻醉情况下进行手术时，病人发出鬼哭狼嚎般惨叫的恐怖场景。[51]

何鲁手术死亡事件在英国医学界掀起巨大波澜。《柳叶刀》发表编者按表示："我们希望这例致命的病案能使外科手术者吸取教训，以鉴后来者。"[52]该刊连续三个月刊发多篇论文，发表外科医生对这台手术的不同看法。

4月12日，即术后第三天，同城的辛普森（Simpson）医生致信《柳叶刀》[53]，以"现代外科学就是一个吸人血的吸血鬼"为题，指责此次手术的残酷与医生的冷血残忍：

> 病人的生活没有因为恶性疾病所带来的折磨和痛苦而变得更悲惨，死亡也没有迫在眉睫。……如果施行手术，死亡是不可避免的。对这个可怜的人，被活生生地剖割去一个重达他身体三分之一的肿瘤，还要忍受一个半小时以上，

让我们姑且考虑一下他的痛苦吧。

辛普森表示凯医生是一位受人欢迎、技艺高超的医生，但此次手术，他是将自己外科医生的名声和公众所期待的成功的表演混合在一起了，这样的"活体解剖"缺乏理性的支持和经验的保障。辛普森呼吁道：

> 我觉得有必要请外科医生们在进行这种大胆而不寻常的手术之前，一般都先停一停。[54]

然而，辛普森的悲愤似乎没有唤起外科医生们的同情心。5月，住在伦敦伊斯顿街的铁梯勒（J. M. Titley）医生表示辛普森的说法有所偏颇，因为他自己在1813年曾成功地替一名男人切除过一个重达70磅的肿瘤。铁梯勒做成5例手术，唯有1例死亡，病人肿瘤重达156磅，手术时间8小时。[55] 他坚信阴囊象皮病患者是期望通过手术改善生命质量的。

6月，《柳叶刀》刊载了一篇《一个巨大的阴囊肿瘤，通过对其进行反复切开和使用引流带治疗而治愈》的文章。作者支持铁梯勒的手术切除的观点，说"每一位外科医生，当这样的肿瘤出现在他的眼前时，都会竭力想着割除它"，作者分享了自己 6 年前的一例治疗阴囊瘤的成功案例。针对何鲁的手术，作者提出若是采取反复切除的方法，可能减轻一次性切除身体的一大部分而对生命体质造成的直接伤害，手术就会有把握成功。[56]他相信即便是技术不娴熟的外科医生，也不应该放弃切除这类肿瘤的计划。

这两位外科医生的态度反映了 19 世纪初欧洲医学界真实的生态环境，那是一个外科学正在发生重大变革和外科医生即将登上医学历史舞台的重要时刻。凡是外科医生，没有人愿意错过如此绝好的实践机会。1831 年前，欧洲还有三位医生做过此类大型阴囊肿瘤的切除手术，他们分别是爱丁堡的李斯顿（Robert Liston, 1794—1847）、玛瑞卡波的威尔士（Dr. Willes）和法国蒙特利尔的德尔佩奇（Jacques M. Delpech, 1777—1832）。1830 年 9 月 11 日，德尔佩奇给病人施行了类似的手术，手术吸引了英国、美国和德国的医生前来参观，病人对手术很满意，术后 10 天恢复良好。德尔佩奇的论文发表在蒙特利尔的《医学通讯》上。[57]

李斯顿、德尔佩奇和库珀均为 19 世纪 20、30 年代欧洲顶级外科医生，德尔佩奇被公认是操作阴囊肿瘤手术最杰出的医生。在何鲁手术前后，德尔佩奇的名字和上述成功案例反复多次被媒体和医生提及。1831 年 7 月，德尔佩奇在《柳叶刀》上发表致库珀的公开信。他首先否认当时的一种说法，即认为何鲁是痛死在手术台上，他表示从来"没有疼痛致死的例子"，他的观点是何鲁死于失血过多。德尔佩奇承认自己深受何鲁手术失败事件的刺激，他对库珀最后切除生殖器手术方案提出质疑："功能健全的器官（生殖器）必须被牺牲吗？切除它会不会产生比缓慢解剖更大的危险？"[58]

何鲁事件后三个月，除了《柳叶刀》，还有其他的医学杂志探讨了何鲁的死亡原因，以及应当采取何种手术方案的各种争论。但是，辛普森最早提出一个根本性问题：医生在手术前是否考虑病人的痛苦？这显然没有在医生中产生共鸣，也未引发外科医生们的同情心。当初，何鲁是在数百名观众的注视下微笑着躺上了手术台，又在众目睽睽之下痛苦地在手术台上抽搐而死。现场的医生注意到何鲁临终前的后悔神情，但是"他所有的神经只能屈从于手术刀"。[59]这场被媒体称为"活体解剖"的"致命外科手术"[60]，同样震惊了社会各界。

4月23日，一封致《泰晤士报》的读者来信，提出对"何鲁死因'的思考：

> 何鲁可怜而不幸的命运，已引起社会的普遍同情和遗憾，对此，我已毋需多言。何鲁罹患的

疾病非常特殊，他为了寻求自己国家的科学所不能给予的救济，来到一片陌生的土地上，其最终结果却是徒劳的，毫无疑问，这样的结局加深了人们的同情。本信的目的并不是因为手术发生意外，而来质疑外科医生的技能、判断力和能力。众所周知，不可能找到比凯医生更具备科学操作能力的医生了。但是，这一令人深感痛惜、几乎无法预料、迄今尚无解释的事件，需要我们从科学专业角度，展开最深入的调查和探讨。[61]

第二篇

国家形象：新闻叙事和政治隐喻

HOO - LOO - CHOO.

Alias

John Bull and the Doctors.

新闻叙事："不幸的何鲁"与亚洲人的体质

一、一位中国人非同寻常的病例

辛普森在致《柳叶刀》的信中公开批评盖伊医院医生，因为受到公共媒体自由讨论的影响，凯医生的手术带有某种表演性质，他警告道："公众舆论的强大力量将在对人类文明产生影响的各种知识领域发挥作用。"[1]辛普森医生的担忧，反映出当年何鲁事件已然超出医院和医学生等专业人士的兴趣，在媒体不同寻常的介入下，不仅成功地吸引了广大市民的注意，舆论甚至主导了对病人和疾病的社会认知。

检索大英图书馆报刊档案数据库得知，1831年4月英国媒体关于何鲁事件的报道文章超过100篇，5月还有17篇报道，传播范围不限于周边城市和牛津城，还波及苏格兰。当时，伦敦仅有9家晨报和6家晚报[2]，何鲁的巨瘤和死于名医手下的不幸命运，经过媒体锲而不舍地追踪报道，演变为市民现实生活中的情景连续剧，一时间满城竞相议论何鲁。[3]

"Hoo Lo"名字第一次出现在公众眼前，是在何鲁抵达伦敦的两个星期之后。4月1日，《太阳报》(*The Sun*)以"盖伊医院一位中国人非同寻常的病例"为题，介绍了何鲁的名字、身份与来历。首次呈现在英国报端的何鲁英文名字比后面医院正式公布的名字"Hoo Loo"少一个"O"，其中有些信息与东印度公司的档案和广州媒体的报道亦有所出入。

1. 何鲁出生在虎门（Bocca-Tigris）的水上人家，而不是新安。2. 何鲁在东印度公司广州商馆工作，并不是农民。

何鲁到英国之后，医学杂志和大众媒体均称之为"Hoo Loo, a Chinese labour"，"labour"在当时的《英汉字典》中译为"帮工"。[4]这恐怕是媒体根据何鲁是由东印度公司送至英国求诊而作出的错误判断。

19世纪的英国媒体在捕捉新闻事件和广泛收集资料方面的能力令人咋舌。翻阅新闻记者的调查记录，可以了解东印度公司诸多未曾记录的史实：1. 东印度公司所有外科医生看过何鲁的肿瘤，并对此表现出极大的关注。2. 何鲁赴英求治获得了中国政府的允许。3. 何鲁乘坐的船名和陪同医生的名字等信息并不在东印度公司档案和郭雷枢的信件中，本书就是依据这些记录线索查到何鲁所搭乘的航船的名称以及出发日期。4. 受制于中国的法律，在华外国医生不宜做手术，若病人死亡，医生会因此受到惩罚。5. 最早公布了何鲁的主刀医生是凯。[5]

《太阳报》的记者著文前是否见到何鲁本人并不清楚，但文章称何鲁的肿瘤重达 70 到 80 磅，"已垂到脚趾"，这显然与事实不符，如此夸张的描述只是新闻热点创作的惯用手法。最后，作者告诉公众，13 年前（实为 11 年前，报纸记录有误——编者按）库珀医生曾在盖伊医院成功地刈除过一个重达 37 磅左右的肿瘤，当时这位病人的肿瘤已"垂到了脚趾"，如今病人依然活着。由此，向公众传递了何鲁将接受英国名医的手术，而医生能够治愈何鲁的信心[6]，该文很快被各大媒体转载。就在何鲁的巨瘤成功激发起公众的好奇心不久，4 月 6 日《星报》（The Star）纠正了《太阳报》的信息，指出何鲁的肿瘤与库珀之前切除的脂肪瘤不可同日而语。至于手术技术，作者又补充了铁梯勒博士曾为病人切除过重达 70 磅和 156 磅的肿瘤[7]，再次强化了英国医生的技术优势和科学昌明。铁梯勒博士本人在何鲁手术失败之后，还在《柳叶刀》杂志发文介绍自己的手术，对凯的手术方案提出补充意见。

二、目击者的狂欢和媒体的悲悯

从 4 月 1 日到 9 日手术前夕，《太阳报》和《星报》的文章在伦敦和周边城市的各大媒体反复刊登，经过媒体的造势与煽动，社会效应很快显现。4 月第一周的伦敦满城皆谈盖伊医院非同寻常的病例，医院不得已两次修改何鲁的手术安排，调整时间和场所，就是为了充分满足专业人士（医生、医学生和科学家）和公众的好奇心，给予观众充分的时间和充足的空间观摩这场手术。

西方医学史家将公众手持许可证进入解剖学剧场，兴奋地观看解剖学家切开尸体的娱乐活动称为"屠宰艺术"，而何鲁的畸形身体就是这门残忍艺术中一件厚重的道具。[8]西方学者认为"医学偷窥癖在欧洲并不是什么新鲜事"，"公众解剖是一种戏剧表演，一种像斗鸡和逗熊一样受欢迎的娱乐形式"。[9]

4 月 9 日星期六，一大清早，盖伊医院就被伦敦及周边最著名的医学家和科学家们围得水泄不通。在库珀宣布改换手术室后，聚集在手术室外的观众立即涌过去，"虽然这个解剖学剧场能容纳近 1 000 人，但在大门打开的两分钟内，每个角落都挤满了人"。此时，媒体笔下的何鲁"脸上一直洋溢着幽默的神情（开怀大笑、精力充沛、神采飞扬）"。现场的观众对何鲁"未来的命运"充满了兴趣和期待，"每个人似乎都相信，基于凯医生精巧的技艺和手术经验，以及中国人良好的精神状态，他会有幸运的结局"。[10]

《皇家康沃尔公报》（*Royal Cornwall Gazette*）对手术进行了实时报道，并表达了伦敦市民对何鲁手术的良好意愿：

> 现在何鲁正在盖伊医院进行手术，……我们希望能够尽早宣布，医生成功地切除了这个人身上的巨瘤。若病人的身体真能康复，那么，可能为欧洲的医术在中国的发展产生奇妙的影响。[11]

因为手术是在周末执行，尽管诸多现场观看的市民在当天已经知晓手术的结果，但是，此消息最终未赶上伦敦晚报截稿时间，因此，当天伦敦没有一家晚报媒体报道手术结果。意外的是，有一份非伦敦的周刊《布里斯托镜报》（*Bristol Morror*）简短地报道了一条消息：

非同寻常的案例

最近一位中国人想切除身上一个从腹部到

脚趾的巨型肿瘤，他被带到本国来，星期六在盖伊医院由凯医生进行手术。这一位可怜的中国人在经历了 1 小时 44 分钟的手术后，由于筋疲力尽，仅幸存了很短一段时间，便去世了。库珀爵士和医院许多杰出的医生出席观看了手术过程。这个从身体上剥离的肿瘤，重达56 磅。[12]

两天后，新的一周开始之际，即 4 月 11 日，周一，《泰晤士报》、《太阳报》、《环球》（The Globe）、《伦敦标准晚报》（The London Evening Standard）、《晚上邮报》（The Evening Mail）、《伦敦信使与晚报》（London Courier and Evening Gazette）、《贝尔每周信使》（Bell's Weekly Messenger）、《先驱晨报》（Morning Herald）、《新闻》（The News）、《伦敦邮报和新劳埃德晚报》（London Packet and New Lloyd's Evening Post）、《星报》等伦敦所有主流媒体，同一时间以同一篇文章《中国人何鲁在盖伊医院接受肿瘤手术》发出通告，正式向英国公众宣布：

　　　　然而，所有的努力都证明是徒劳的，他最终去世了。[13]

这篇署名为"一个目击者"的文章，比主刀医生发表在《柳叶刀》上的手术报告更早、更详细地向公众描绘了手术现场各种细节和观众的情绪，诸如，刚进入手术室，作者就察觉出凯医生为确保手术顺利进行而表现出的"惶惶不安的焦虑情绪"。"一个目击者"生动形象地还原了现场抢救的混乱状态：手术结束后，何鲁并没死亡，只是昏迷。医生先是给他输入新鲜空气，又在他的脚和胸部热敷，希望他很快会从"昏厥中苏醒过来"，但是病人始终处于昏厥状态；至此，医生才开始担心，随意地向他的胃里注入白兰地，并寻求现场学生的帮助，向病人静脉输血，但何鲁的心脏没有任何明显的反应，医生也没有采取进一步的措施，很快，何鲁的心脏完全停止了跳动。

"一个目击者"还披露了在手术现场发生的一个重要环节：库珀等医生在手术结束后，就离开了手术室，并没有参与主刀医生对何鲁的最后抢救。但这一关键性的内容并没出现在之后《柳叶刀》的医学报告中。

如果说医生出于实验科学的目的可以冷漠地正视何鲁的生命在手术台上慢慢消失，那么，拥挤在解剖学剧场内的近千名观众和记者，眼睁睁地看着绑在手术台上的何鲁，忍受着医生长时间一刀刀地切割，难道没有丝毫的同情吗？现场"空气混浊、潮热，很多观众满是汗水，脸色苍白如死，接近昏厥的状态"[14]。然而，观众依然兴致勃勃地观看着医生的后续抢救，目睹一位医学生现场给何鲁献血。

4月16日，《柳叶刀》公布了医院的权威报告，对何鲁的病情和死亡作出了科学的定论。但是，媒体对何鲁事件的报道并没有因此停息，反而加强了报道力度，公布更具体的细节，使何鲁事件一直活跃在公众意识中。"何鲁事件"的新闻报道中有一特征值得关注，即公众的主动参与。许多信息来自民间，或是市民直接致信媒体畅谈自己的观点，比如，肿瘤切割过程中，何鲁失血是16盎司，现场医学生给何鲁输入了8盎司鲜血，这些数据与《柳叶刀》的报告都有出入。有媒体甚至以"切割"（dissected）这一冰冷残酷的解剖学术语描述此次手术。[15]在媒体与公众通力协作下，何鲁、他的肿瘤、他的身体都被放置到显微镜下，供公众窥探。这次手术也由医疗活动演化为社会、文化和政治事件。

不过，在何鲁事件上，英国媒体和伦敦公众流露出更多的是悲悯，而非娱乐心态，甚至有媒体认为这场手术对科学和公众教育是有益处的。按主刀医生的记录，手术期间何鲁"时而呻吟，时而轻微惊叫"，最终"咬紧牙关，闭上眼睛"，医生因此意识到"他对此次手术不抱有希望"。[16] 然而，何鲁在台上究竟说了什么？施行手术的医生没人能听懂。记者表示当何鲁陷入绝境时，手术台边上没有一位能用中文与他交流的同胞，可以安抚他惊恐的心灵，为此感到深深的遗憾。[17]

4月18日，《伦敦标准晚报》刊出《何鲁，一个不幸的中国人　详情继续》，爆出令人震惊的消息，现场居然有位观众略通中文，据他翻译，在肿瘤

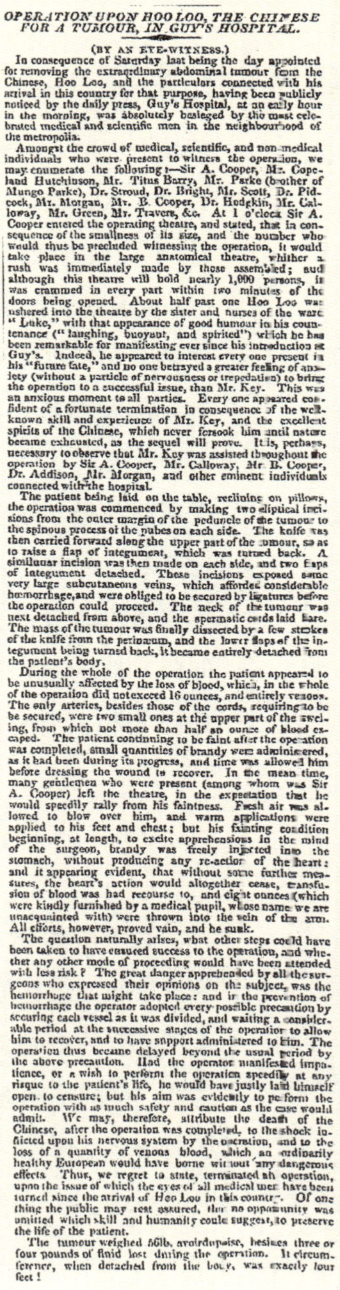

图 23　《泰晤士报》上刊载的何鲁手术失败的信息

最先向世人公开何鲁手术失败的信息源自署名为"一个目击者"的新闻报道。

1831 年 4 月 11 日，伦敦所有主流媒体同一时间以同一署名、同一标题宣布了何鲁死于手术台的消息，并披露了在手术现场发生的一个重要细节——库珀等医生在手术结束后就离开了，并没有参与主刀医生对何鲁的最后抢救。而这个关键信息并没有写进《柳叶刀》的手术报告中。

一个目击者：《中国人何鲁在盖伊医院接受肿瘤手术》，《泰晤士报》1831 年 4 月 11 日

OPERATION UPON HOO LOO, THE CHINESE, FOR A TUMOUR, IN GUY'S HOSPITAL.

(BY AN EYE-WITNESS.)

In consequence of Saturday last being the day appointed for removing the extraordinary abdominal tumour from the Chinese, Hoo Loo, and the particulars connected with his arrival in this country for that purpose, having been publicly noticed by the daily press, Guy's Hospital, at an early hour in the morning, was absolutely besieged by the most celebrated medical and scientific men in the neighbourhood of the metropolia.

Amongst the crowd of medical, scientific, and non-medical individuals who were present to witness the operation, we may enumerate the following:—Sir A. Cooper, Mr. Copeland Hutchinson, Mr. Titus Barry, Mr. Parke (brother of Mungo Parke), Dr. Stroud, Dr. Bright, Mr. Scott, Dr. Pidcock, Mr. Morgan, Mr. B. Cooper, Dr. Hodgkin, Mr. Calloway, Mr. Green, Mr. Travers, &c. At 1 o'clock Sir A. Cooper entered the operating theatre, and stated, that in consequence of the smallness of its size, and the number who would thus be precluded witnessing the operation, it would take place in the large anatomical theatre, whither a rush was immediately made by those assembled; and although this theatre will hold nearly 1,000 persons, it was crammed in every part within two minutes of the doors being opened. About half past one Hoo Loo was ushered into the theatre by the sister and nurses of the ward. "Luke," with that appearance of good humour in his countenance ("laughing, buoyant, and spirited") which he has been remarkable for manifesting ever since his introduction at Guy's. Indeed, he appeared to interest every one present in his "future fate," and no one betrayed a greater feeling of anxiety (without a particle of nervousness or trepidation) to bring the operation to a successful issue, than Mr. Key. This was an anxious moment to all parties. Every one appeared confident of a fortunate termination in consequence of the wellknown skill and experience of Mr. Key, and the excellent spirits of the Chinese, which never forsook him until nature became exhausted, as the sequel will prove. It is, perhaps, necessary to observe that Mr. Key was assisted throughout the operation by Sir A. Cooper, Mr. Calloway, Mr. B. Cooper, Dr. Addison, Mr. Morgan, and other eminent individuals connected with the hospital.

The patient being laid on the table, reclining on pillows, the operation was commenced by making two elliptical incisions from the outer margin of the peduncle of the tumour to the spinous process of the pubes on each side. The knife was then carried forward along the upper part of the tumour, so as to take a flap of integument, which was turned back. A similar incision was then made on each side, and two flaps of integument detached. These incisions exposed some very large subcutaneous veins, which afforded considerable hæmorrhage, and were obliged to be secured by ligatures before the operation could proceed. The back of the tumour was next dissected from above, and the spermatic cords laid bare. The mass of the tumour was finally dissected by a few strokes of the knife from the peritonæum, and the lower flaps of the integument being turned back, it became entirely detached from the patient's body.

During the whole of the operation the patient appeared to be unusually affected by the loss of blood, which, in the whole of the operation did not exceed 16 ounces, and entirely venous. The only arteries, besides those of the cords, requiring to be secured, were two small ones at the upper part of the swelling, from which not more than half an ounce of blood escaped. The patient continuing to be faint after the operation was completed, small quantities of brandy were administered, as it had been during its progress, and time was allowed him before dressing the wound to recover. In the mean time, many gentlemen who were present (among whom was Sir A. Cooper) left the theatre, in the expectation that he would speedily rally from his faintness. Fresh air was allowed to blow over him, and warm applications were applied to his feet and chest; but his fainting condition beginning, at length, to excite apprehension in the mind of the surgeon, brandy was freely injected into the stomach, without producing any re-action of the heart; and it appearing evident, that without some farther measures, the heart's action would altogether cease, transfusion of blood was had recourse to, and eight ounces (which were kindly furnished by a medical pupil, whose name we are unacquainted with) were thrown into the vein of the arm. All efforts, however, proved vain, and he sunk.

The question naturally arises, what other steps could have been taken to have ensured success to the operation, and whether any other mode of proceeding would have been attended with less risk? The great danger apprehended by all the surgeons who expressed their opinions on this subject, was the hæmorrhage that might take place; and in the prevention of hæmorrhage was adopted every possible precaution by securing each vessel as it was divided, and waiting a considerable period at the successive stages of the operation to allow him to recover, and to have support administered to him. The operation thus became delayed beyond the usual period by the above precaution. Had the operator manifested impatience, or a wish to perform the operation speedily at any risque to the patient's life, he would have justly laid himself open to censure; but his aim was evidently to perform the operation with as much safety and ease as the case would admit. We may, therefore, attribute the death of the Chinese, after the operation was completed, to the shock inflicted upon his nervous system by the operation, and to the loss of a quantity of venous blood, which an ordinarily healthy European would have borne without any dangerous effects. Thus, we regret to state, terminated an operation, upon the issue of which the eyes of all medical men have been turned since the arrival of Hoo Loo in this country. Of one thing the public may rest assured, that no opportunity was omitted which skill and humanity could suggest, to preserve the life of the patient.

The tumour weighed 56lb. avoirdupoise, besides three or four pounds of fluid lost during the operation. It circumference, when detached from the body, was exactly four feet!

被切除之前，何鲁尚未昏厥时就开始呼叫："放开我，放开我。""水，救命，让我走。"他最后一次清晰地说出的声音是："让它去吧，让它去吧，我再也不能忍受了。"[18]

《泰晤士报》的记者曾替医生向公众作出承诺："有件事公众是可以放心的，为了保护病人的生命，无论从技术还是人道主义关怀角度，所有可能提供的机会，医生都不会忽略。"[19]民众意识到何鲁"为了寻求自己国家的科学所不能给予的救济，来到一片陌生的土地上"，其最终结果却是徒劳的。如此惨烈的结局，无疑加深了社会对何鲁普遍的同情和遗憾之情。[20]"可怜的何鲁"和"不幸的何鲁"是反复出现的标题和词汇，也有媒体采用"致命的外科手术"作为标题。[21]

三、何鲁的葬礼和他的尸体

何鲁虽然死了，但是，"何鲁，一个不幸的中国人"的情景剧继续在伦敦上演。

4月19日是何鲁下葬的日子。前一天，"为了使公众满意，经医院批准，这位不幸的病人的遗体公开供人瞻仰，星期一从早到晚，医院被成千上万的人包围着"。参观人群络绎不绝，直到第二天何鲁下葬被钉进棺木前。[22]何鲁的鞋子送给了路克病房的嬷嬷了，他的帽子竟然受到好奇心强的商人追捧，花了2基尼购买，他的衣服保存在他自己的箱子里，由医院管理人员照看。之前媒体承诺在他下葬的时候不会剥夺他作为中华民族的骄傲——他头上的发辫[23]，也有人想出双倍的价钱向医院购买。尽管医院最大限度地采取了预防措施，"防止有人对这个可怜的中国人耍任何花招"，但就在葬礼那天早上，人们发现他的一根长辫子被抢去了。

伦敦人在何鲁事件的种种表现，印证了英国媒体的一段话："这就是我们对大而无聊事件的极度好奇心的明证。"[24]

1831年4月19日上午11点，何鲁被安葬在位于伦敦雪地路会馆步道的盖伊医院的墓地里。

> 尸体被装在一具没有铭文的黑壳里，盖着殓衣，被抬到坟地，后面跟着一大群看热闹的人。但出乎意料的是，没有一个送葬者。本来以为会有两个广东人来担任这一职务，但他们并没有出席。在棺材或黑壳被放入8英尺深的坟墓后，医院牧师布兰凯恩先生按英国国教的葬礼仪式宣读悼词，然后墓穴被填满，人群散开。[25]

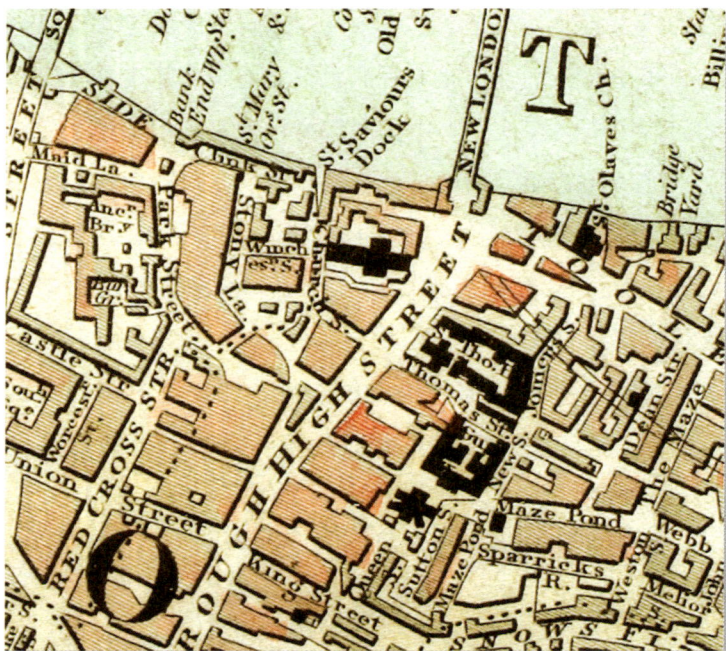

图 24　1833 年伦敦地图上的圣·托马斯医院和盖伊医院位置

　　1831 年 4 月 19 日上午 11 点，盖伊医院牧师念完追悼辞后，在一群陌生人的围观下，何鲁被安葬在位于伦敦雪地路会馆步道的盖伊医院的墓地里。终于，何鲁在异国他乡走完了他人生的最后一段旅程。

　　经过多次市政改建后，该墓地已不复存在。小人物何鲁没有留下任何痕迹，不知当年盖伊医院是否给他竖立过墓碑？

1831 年 4 月 24 日，《讽刺作家》（ *The Satirist* ）报道《何鲁的葬礼》：

> 周六晚上，这位不幸的中国人在盖伊医院接受了致命的肿瘤手术。周一早上，他的遗体被安葬在南华克区会馆步道盖伊医院的墓地里。医院牧师布兰凯恩（Blencairn）主持了葬礼。由于仪式是在早晨很早的时候（10 点到 11 点之间）举行的，所以聚集在一起的人并不像预期的那么多。直到把这个可怜的家伙"永远地与这个世界隔绝"的最后一刻，他的面容仍然保持着他去世时所表现出来的那种非凡的平静。

然而，何鲁事件并没有因此盖棺定论。太多的外科医生想要得到何鲁的尸体，进行解剖研究，竟然还发生了"抢劫和欺诈"尸体的事情。[26] 4 月 24 日，《讽刺作家》以"何鲁：复活的人"为题，揭露了一场围绕何鲁尸体而进行的地下幕后交易。

> 第二天晚上，坟墓生意开始进行了：机敏复活者们得到了残缺的遗骸，他们把遗骸存放在

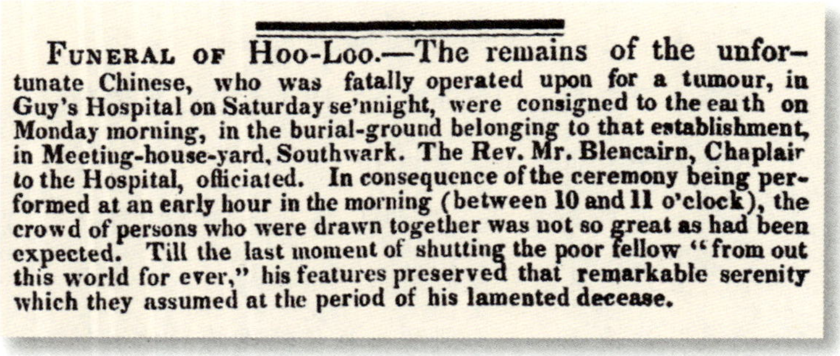

FUNERAL OF HOO-LOO.—The remains of the unfortunate Chinese, who was fatally operated upon for a tumour, in Guy's Hospital on Saturday se'nnight, were consigned to the earth on Monday morning, in the burial-ground belonging to that establishment, in Meeting-house-yard, Southwark. The Rev. Mr. Blencairn, Chaplair to the Hospital, officiated. In consequence of the ceremony being performed at an early hour in the morning (between 10 and 11 o'clock), the crowd of persons who were drawn together was not so great as had been expected. Till the last moment of shutting the poor fellow "from out this world for ever," his features preserved that remarkable serenity which they assumed at the period of his lamented decease.

图 25 《讽刺作家》上刊载的《何鲁的葬礼》一文

1831 年 4 月 24 日,《何鲁的葬礼》一文称:"直到把这个可怜的家伙'永远地与这个世界隔绝'的最后一刻,他的面容仍然保持着他在去世时所表现出来的那种非凡的平静。"

《何鲁的葬礼》,《讽刺作家》1831 年 4 月 24 日第 19 版。

一人更靠近市中心的医院手术室的管理员的安全保管处。许多外科医生都表现出了强烈的渴望，希望能得到在这可怜的中国人身上享受一刀的快感。为了肢解这个不幸者的尸体，在过去的一个星期里，至少有 6 个交易团伙一直在忙着谋划得到这一战利品，上周只有一名外科医生出价 100 基尼。[27]

最后，这桩交易失败了，医院拒绝了各方的要求，决定将尸体制成标本，陈列在盖伊医院博物馆，"这个巨大的肿瘤作为一种精神象征，保存在博物馆里"[28]。

英国外科医生抢劫何鲁尸体是有一定的学术背景的。大约从 18 世纪末开始，解剖学成为外科学教育的基础课程，但老师缺乏教学所需的人体标本，英国一度出现过盗尸和尸体的黑市交易。库珀的导师亨特是最早开始收集并收藏人体和动物标本的解剖学家，据说亨特有些藏品和教学用的尸体就是由非法交易所得，在当时他被认为是一个有点疯狂的科学家。1799 年，英国政府购买了亨特的收藏，并将其赠送给皇家学院，创建解剖学博物馆。亨特博物馆（Hunterian Museum）荟集了约翰·亨特收藏的解剖学和病理学物品，数量和品种之多令人惊叹，其中有

3 500多件英国最古老的解剖、病理和动物学标本、化石、绘画和素描。1826年盖伊医学院博物馆设立，博物馆第一任馆员、策展人霍奇金将英国其他外科医生和解剖学家收集的人体和动物标本以及其他与医学有关的物品在博物馆集中展示。霍奇金还是盖伊医院的病理学教授，他就是站在何鲁手术台前十几名医生中的一位。1829年盖伊医学院博物馆收藏了大约3 000件展品，此方法一举解决了医学教学教具匮乏的困境。1861年《伦敦医学杂志》报道说："博物馆规模之大，足以跻身我国首批收藏之列。"

同时，以库珀为代表的英国解剖学家开始推动尸体解剖立法，以平息公众对尸体非法交易的反感情绪。[29] 1832年《解剖法》颁布，英格兰、威尔士和苏格兰地区依法分别设立解剖检查官员，《解剖法》允许医生、解剖教师和真正的医科学生免费解剖捐赠的尸体。

19世纪，医学博物馆成为欧洲医生进行正规医学培训的一个基本要素，它可为实验室和诊所提供重要的物质资源。教授在上课时特别依赖于标本和模型，一些著名的医生都有自己的私人收藏。库珀就是其中之一，据说他经常会为了教学而打开自己的收藏橱柜。盖伊医院物理学会的成员，每周会聚在一起围绕着标本进行讨论。[30]何鲁的标本是否就收藏在库珀的橱柜中？

1837 年《盖伊医院报告》记载，医院解剖模型博物馆第 2798 号有两具何鲁的模型：A. 小型何鲁模型，阴囊象皮瘤垂至膝盖，由亨利先生在何鲁抵英国前送来；B. 何鲁的腹部和大腿的石膏模型，阴囊因象皮病而显著增大。[31] 1858 年盖伊医院报告中，明确说凯医生用此模型进行教学。[32]

1889 年英国律师罗伯特·戈登（Robert Gordon, 1829—1918）康慨解囊 45 000 英镑，在盖伊医学院设立戈登实验病理学讲座。1898 年戈登出任盖伊医院和医学院院长，推进医学院的病理学研究。1905 年戈登病理学博物馆（Gordon Museum of Pathology）正式对外开放，何鲁的肿瘤模型移入此馆，标本编号改为 162069，标本说明如下：

> 凯先生从一位中国病人的阴囊切除的巨大肿瘤，重 56 磅，1831 年 4 月 9 日。他 32 岁，肿瘤生长 10 年，它在包皮中生出，持续生长，直到覆盖整个生殖器官，肿瘤周长 4 英尺，肿瘤垂坠至膝盖。不过病人身体健康良好，他来英国是为了习除肿瘤。肿瘤由肥厚的被膜和皮下细胞组织组成，构成了我们所知的阴囊象皮病。[33]

图 26 19 世纪后期收藏有何鲁模型的盖伊医院病理学博物馆

19 世纪，医学教授在上课时特别依赖于标本和模型，一些著名的医生都有自己的私人收藏。库珀就是其中之一，据说他经常会为了教学而打开自己的收藏橱柜。私人收藏之后发展为医院博物馆，它可以为实验室和诊所提供重要的物质资源。

19 世纪后期，盖伊医院病理学博物馆收藏有何鲁的模型。

正如《讽刺作家》所言："当（何鲁）遗体的用途最终被消费完后，盖伊医院的博物馆将成为它的陵墓。"

Samuel J. M. M. Alberti, *Morbid Curiosities: Medical Museums in Nineteenth-century Britain* (Oxford: Oxford University Press, 2011): 180, fig. 63.

正如《讽刺作家》所言："当（何鲁）遗体的用途最终被消费完后，盖伊医院的博物馆将成为它的陵墓。"[34]

今天，戈登病理学博物馆是世界上最大的病理学博物馆之一，也是英国最大的医学博物馆。2024 年春节期间，笔者委托在伦敦读书的复旦校友张轩昂去英国伦敦大学国王学院戈登病理学博物馆查看何鲁的模型，管理员说 20 世纪中期这些模型还在，现在已经没有了。因为盖伊医院多次翻修扩建，原安葬在雪地路上何鲁的墓地也不复存在了，不过一直有人去医院查找寻问何鲁最后的安身之地。

四、何鲁的巨瘤与亚洲人的体质

从盖伊医院之前接触的病例考察，何鲁的肿瘤不算最大，但之前医院的手术并没有如何鲁般引起社会的轰动，被媒体捕捉到的新闻眼聚焦在何鲁是亚洲人的身份上。何鲁刚抵伦敦，《太阳报》就强化了何鲁是"一个中国人非同寻常的病例"。《星报》直截了当地点出了何鲁肿瘤的地缘性特征："他的病在欧洲很少能见到，但在亚洲和非洲的许多地方都很流行，在西印度群岛很常见。"[35]言下之意，英国不会有人得此怪病。

手术失败之后，《泰晤士报》记者发问道："还可以采取什么其他步骤来确保手术的成功？是否有风险更小的方式？"但是，作者并不是想将责任怪罪于医生，而是将责任直接推到了亚洲人的体质不如欧洲人上。

我们可以把中国人在手术结束后的死亡归咎于手术对他神经系统造成的冲击，以及大量腱鞘血液的流失。一般健康的欧洲人是可以承受这种损失而不会有任何危险的。[36]

媒体将何鲁的死因归咎于他的中国人体质，指出 16 盎司的出血量对健康的欧洲人"不会有任何生命危险"。这一认知随着医学专业人士在《柳叶刀》上的科学说辞，演变得越来越清晰而强烈，成为舆论的焦点。有媒体直接表示："若是该手术在一个健康的英国人身上执行的话，就会成功。生活在温和环境下的亚洲人，不适合失血的手术。亚洲人生活在易导致疲劳的环境中，一个健壮人或是运动员就不会出现这样的情况。"[37]甚至有读者提出："在手术期间，应该用腰带或绷带绑住病人的身体，以提供人为的紧绷感和支撑力，以阻断血液的流失，而这正是亚洲人的体质所特别需要的。"[38]东西方人具有不同体质的观点，出自古希腊名医希波克拉底的论著，他在"气候水土论"中就提到过。[39]东方人不如西方人强健的印象深深地烙在西方人的认知中，他们很自然地从疾病地理学的角度给何鲁之死找到理由。

4月17日起，媒体在追索何鲁患病原因时转换视角，有些文章开始触及中国的医疗习俗和文化传统。《贝尔每周信使》透露中国是如何解释何鲁的疾病的，因为他冒犯了一个唤作"五福"（Hum Fum）的神，生出的巨瘤就是被神下的诅咒。媒体甚至以郭雷枢请人制作模型失败事件为例，佐证记者调查的真实性。没有史料可以证实英国媒体所挖掘的这个中国故事的依据何在，就像"Hum Fum"究竟对应了广州民俗中的哪一个神，目前已很难明确[40]，但英国记者却由此作出"中国人迷信是众所周知的"判断，并以何鲁生前是如何渴望通过凯医生的手术以恢复他"完整的男人"的身份，满怀感恩回到故土为结论[41]，以此衬托欧洲医生技艺的先进性和英国文明的优越感。

英国媒体不断追踪何鲁死亡的原因，他们相信，"在这个科学发达的时代，应该从原因中推导出结果，并用理性和类比的光辉来驱散技术性术语和行话的迷雾"[42]。

第二章

疾病的政治隐喻：国家的巨瘤

在何鲁事件的所有报道中，脱颖而出或者说给后来者留下珍贵史料的是一份特立独行的报纸——《讽刺作家》。该报以报道伦敦知名人士的丑闻为主，在19世纪的英国颇受争议。《讽刺作家》是在何鲁手术第二天（4月10日）才正式发行，在何鲁事件报道中，它并未采纳各大媒体通用的文稿，而是坚持自己编写稿件。《讽刺作家》将关注点聚焦在以何鲁为中心产生的社会文化现象，挖掘出诸多其他媒体隐而未报的事实，对医生理性的冷漠、抢劫尸体的趋利，以及公众热衷窥探的躁动心态提出尖锐的批评，甚至采用了耸人听闻的词汇，指责社会与媒体对何鲁的鞭尸行为，讽刺医生连病人的尸体都不放过，还要进行同样的手术。[1]《讽刺作家》称何鲁手术就是一场在众目睽睽之下残暴的"活体解剖"。[2]

以"讽刺"的方法针砭时政，曾在19世纪的欧洲风行一时，它是英国社会别具时代特征的政治语言。除了媒体，还有著名的讽刺小说和讽刺漫画，以夸张和尖锐的形式揭露社会问题和政治腐败现象。

5月，在英国流传一张以何鲁为中心人物的政治漫画，名为："何鲁矢，别名约翰牛和医生们"（*Hoo-Loo-Choo, Alias John Bull and the Doctors*），由英国最著名的讽刺漫画家约翰·道尔（John Doyle, 1797—1868）绘制。这是以何鲁为主题的第二幅图像，他作为英国政体的代言人再次进入公众的眼帘，而这次的影响力更大、波及面也更广。

一、英国政治改革与道尔政治讽刺画

何鲁来英之前，正值英国国内政治、经济和宗教矛盾重重，愈演愈烈的腐败问题如毒瘤一般寄生在英国政体中。各阶层的民众强烈要求议会改革，不仅中下层民众认为腐败问题严重侵害了他们的利益，就连腐败问题最多的贵族上层也认为治理政治腐败迫在眉睫。中产阶级成为英国反腐败斗争的中坚力量，他们迫使议会作出改变来挽救自由民主制度，政治家们要求改革的诉求之一就是要努力革除经济垄断的"毒瘤"。[3]1828年1月，英国托利党保守派代表人物威灵顿公爵（Duke of Arthur W. Wellington,

1769—1852）当选首相，此届政府信奉政治经济学，努力革除经济垄断，维护既定秩序，反对一切改革。威灵顿公爵在任期间最大的政绩是通过了《天主教解放法案》，因此引起托利党内部极端分子倒戈。1830 年 11 月，面对社会强烈的改革要求，威灵顿公爵请辞，辉格党查尔斯·格雷伯爵（Charles Grey, 1764—1845）出任首相。

3 月中旬何鲁刚抵伦敦时，格雷内阁正在秘密起草改革提案（Reform Bill）。1831 年 3 月 23 日，内阁成员、辉格党人约翰·罗素（John Russell, 1792—1878）宣读了方案，改革法案仅以一票优势通过。辉格党人坚信，通过改革可以避免爆发革命；反对派托利党人却认为改革将会引发一场政治灾难，他们对此忧惧万分。格雷的改革法案被由托利党掌控的下议院否决。格雷提请解散议会，提前大选，终令辉格党人掌控下议院，法案在下议院获得支持，但又被上议院反对。国王威廉四世（William IV, 1765—1837）拒绝向自由派及全国民意让步，表示不会任命自由派贵族进入上议院，反而要求托利党人组阁。但托利党怯于全国要求改革的呼声群情汹涌，不敢接掌政府，结果，格雷重新上台组阁。格雷要求英王任命自由派人士进入上议院，以打破政治僵局，而上议院本身也在新提名之前表示妥协，1832 年 6 月英国议会通过改革法案。《1832 年改革法案》（*Reform Act 1832*）改变了下议院由托利党独占的状态，加入了中产阶级的势力，扩大了英国下议院选民的基础，是英国议会史上的一次重大改革事件。[4]

这场议会改革运动在英国议会和政党斗争的史册上极其引人注目，由此产生了与之相关的大量的文学作品、讽刺短文、歌谣，以及就最著名的选举斗争所作的讽刺画作。[5]爱尔兰画家道尔是当时最著名的讽刺漫画家，在1830年至1845年间，他以"H. B."笔名绘制了近1 000幅讽刺画，图解英国社会正在蓬勃发展的政治改革运动。他是英国讽刺漫画作家流派的创始人，他的作品被英国媒体称为"H. B. 的政治素描"。[6]

1831年5月2日，道尔发表名为"何鲁朱，别名约翰牛和医生们"的政治讽刺画，意喻正在进行中的、英国首相格雷领导的英国议会改革。

二、何鲁：英国政治腐败的形象代言人

在道尔笔下，何鲁成为英国社会的形象代言人——约翰牛（John Bull）。约翰牛是英国的拟人化形象，创作于1727年，出自苏格兰讽刺作家、医生和博物学家约翰·阿布斯诺特（John Arbuthnot, 1667—1735）的讽刺小

说《约翰牛的生平》。主人公约翰牛是一个头戴高帽、足蹬长靴、手持雨伞的矮胖绅士，为人愚笨且粗暴冷酷、桀骜不驯、欺凌弱小。这个形象原本是为了讽刺辉格党内阁在西班牙王位继承战争中的政策所作的。随着小说的风靡，约翰牛逐渐成为英国人自嘲的形象。

道尔画面中的何鲁身着中式长衫，外罩一件长条纹外套，戴着一顶黑色尖顶帽，四肢伸开坐在一把扶手椅上。在道尔的设计下，庸肿的何鲁代表了问题重重需要改革的英国社会，他巨大的肚子里有着一个英国社会各阶层都想割去的、危害国家经济的"毒瘤"。"国家的原型何鲁坐在扶手椅上，他巨大的肚子似乎变得非常笨拙和不方便，他占据了画面的中心。"[7]围绕在何鲁周围的这群人就是决定着他生死的医生——英国的政治家们。

画面出现的另外 5 人分别代表了正就改革法案进行博弈的两党领袖。

左边是主张改革的 3 位辉格党人，他们是激进的左派分子，从左至右依次是：

左一，内阁成员罗素。罗素是活跃于 19 世纪中期的英国辉格党及自由党政治家，1835 年担任内政国务秘书，1846 年出任英国首相。

左二，下议院领袖、财政大臣斯宾塞（J. Charles

图 27 威廉·查尔斯绘,《约翰牛和亚历山大》

　　约翰牛是英国的拟人化形象,创作源于 1727 年,出自苏格兰讽刺作家、医生和博物学家约翰·阿布斯诺特的讽刺小说《约翰牛的生平》。

　　主人公约翰牛是一个头戴高帽、足蹬长靴、手持雨伞的矮胖绅士,为人愚笨且粗暴冷酷、桀骜不驯、欺凌弱小。这是何鲁像出现前约翰牛的形象。

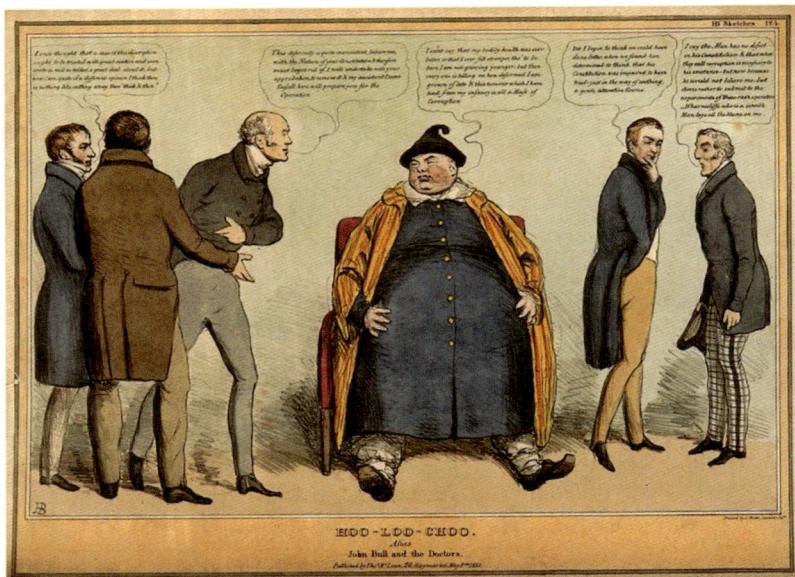

图 28　约翰·道尔绘，《何鲁朱，别名约翰牛和医生们》

　　这是何鲁的第二幅画像，由英国讽刺漫画家约翰·道尔所绘，名为：何鲁朱，别名约翰牛和医生们。

　　何鲁去世不到两个月，何鲁和何鲁手术事件被英国政客借用作社会改革的政治工具。何鲁出任英国形象代言人——约翰牛，庸肿的何鲁代表了问题重重、需要改革的英国社会，他巨大肚子里有着一个英国社会各阶层都想割去的、危害国家经济的"毒瘤"。

　　此画采取了隐喻手法，图像场景设置在医院中，五位政治家扮演着决定着何鲁（John Bull，英国政体）生死命运的医生们，彼此间的对话采用的都是医学术语，这样的画作倒是体现出了中国医学文化中"上医医国"之境界。

　　该画发表于 1831 年 5 月 2 日，收藏于英国维康图书馆。

Spencer, 1782—1845）。1830年至1834年，斯宾塞曾担任格雷和墨尔本〔William L. Melbourne, 1779—1848〕两届内阁的财政大臣，为人正直，被昵称为"诚实的杰克"。

左三，辉格党领袖，英国首相格雷。

右边两位是上一届政府首脑，保守思想的右派代表。

右一，前首相威灵顿公爵。其人属保守派代表，托利党最后一任首相。

右二，托利党领袖皮尔（Robert Peel, 1788—1850）。他是英国保守党政治家，两度担任英国首相（1834—1835, 1841—1846），同时担任财政大臣（1834—1835），并两度担任内政大臣（1822—1827, 1828—1830）。皮尔创建了英国大都会警察局，被誉为英国现代警务之父。皮尔是现代保守党的创始人之一，在英国下议院中他代表地方贵族、神职人员和爱尔兰高层的利益。

道尔的画作采取了隐喻手法，他将图像场景设置在医院中，5位政治家扮演决定何鲁（John Bull，英国政体）生死命运的医生，只不过皮尔和威灵顿是因医术不佳已被解雇了的医生。彼此间的对话采用医学术语，这样的画作倒是体现出了中国医学文化中"上医医国"之境界。

画面中，正与何鲁进行对话的是主张大刀阔斧改革的首相格雷（医生）。

何鲁说："我不能说我的身体比以前更健康了，也不能说我比以前更强壮了。不过，我确实没有变得更年轻。然后，每个人都告诉我，最近我变得多么畸形，我从襁褓时就有的那个肿瘤是一个巨大的腐败。"

格雷答道："相信我，这畸形的身体极不符合你的体质，因此必须除掉。我会在你同意的情况下，除掉它，我的助手罗素医生为你做手术准备……"

格雷政府的内阁成员斯宾塞与罗素勋爵是改革运动的积极推动者。罗素曾在议会中发表过20多次演讲，他们俩被认为是改革法案胜利的缔造者。图中背对画面的人物是斯宾塞，他正在倾听罗素讲话，罗素说：

我曾经认为，这种情况应该非常谨慎地对待，我甚至写了很多文章，也谈了很多，但现在我有了完全不同的看法，我想没有什么比我们风雨同舟切掉它（瘤）更重要的事了。

图9　格雷像

左图为主张政治改革的辉格党领袖、首相格雷伯爵，他是英国政治改革的设计者和主导者。在右图画面场景中，他（侧对者）担当了库珀医生的角色。

道尔在此用了一个英文成语"风雨同舟"（through thick & thin），从字面看又可指肿瘤的"厚"（thick）或"薄"（thin），此为极为巧妙的双关语，意思是不管这个毒瘤是厚还是薄，都要切除它。[8]

格雷、罗素和斯宾塞正好对应盖伊医院何鲁手术团队的三位医生，格雷是手术设计者库珀，罗素是主刀者凯，斯宾塞是手术助手卡拉威。

前首相威灵顿和皮尔，则是改革的反对者，他们坚定地与格雷政府的改革法案进行斗争。

　　威灵顿说："我说，这个人的体质没有缺陷，而他们所说的腐败是他生存的必要条件。但是现在，因为他不相信我，而宁愿屈服于这些鲁莽的手术者的实验，而哈恩克利夫（Wharncliffe）这个感性的家伙却将所有的责任推到我的身上。"[9]

　　皮尔表示："然而，当我们发现他下定决心相信自己的体质受到了损害时，我就开始想，我们本可以做得更好，我已经试过了——只是以一种舒缓的、温和的方式。"

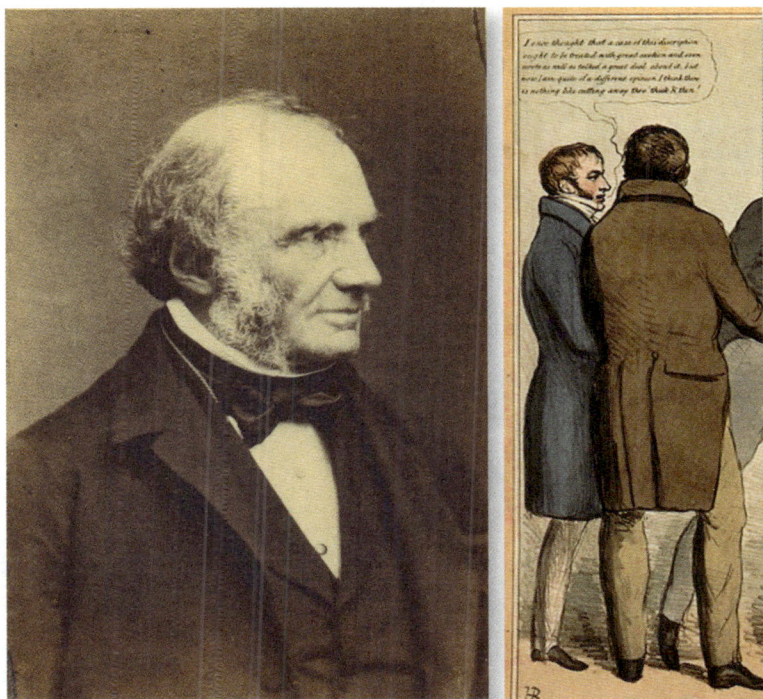

图 30 罗素像

左图和右图侧对者为内阁成员罗素，他在画面中扮演了主刀者凯医生的角色。1831 年，白他出面在议会宣读了改革方案，最终法案以一票优势通过。

罗素是活跃于 19 世纪中期的英国辉格党及自由党治家，1835 年担任内政国务秘书。

图 31　斯宾塞像

　　左图和右图背对者为下议院领袖、财政大臣斯宾塞，1830 年至 1834 年，他曾担任格雷和墨尔本两届内阁的财政大臣，为人正直，被昵称为"诚实的杰克"。在此场景中，他担当的是手术助手卡威的角色。

图 32　威灵顿像

图为前首相威灵顿公爵，他代表着反对经济改革的保守派。他是托利党最后一任首相，认为英国腐败的"毒瘤"是英国国体生存的必要条件。

图 33　皮尔像

　　图为托利党领袖皮尔，他是英国保守党政治家，两度担任英国首相。对待社会经济改革，他的态度是要以"一种舒缓的、温和的方式"展开。皮尔与讽刺漫画家道尔关系密切。

三、疾病的政治隐喻：是否要切除国家的巨瘤

何鲁形象不仅被漫画家用于讽刺英国政治改革所面临的现实困境，而且他的肿瘤被"当作修辞手法或隐喻加以使用"，[10]喻示为一种社会性疾病——腐败，巨瘤就是巨腐，"何鲁和他的医生们"就是这场议会改革成败的政治寓言。画中的6人包括何鲁都承认英国社会的体质已陷入病态，格雷认为这个腐败的毒瘤必须去除，而威灵顿则主张保守疗法，认为毒瘤是英国社会赖以生存的政治经济基础。道尔笔下的罗素有一个对改革态度发生转变的过程；皮尔则由局势判断，对自己之前的政策有所怀疑，并主张采取温和的方式进行改革。

如何处理这个社会毒瘤，何鲁在手术时的表现给英国政治家们起到了示范效应，因为媒体塑造了一个相信科学、向往割去肿瘤、拥抱新生活的何鲁新形象。于是，何鲁温和顺从的品性和悲惨的人生遭遇被政治家借用，表述他们的政治立场。有意思的是，无论是辩论双方赞成或反对改革，政客们都能从何鲁的身上和手术中找到支持自己观点的依据。正方以为，何鲁为了成为一个"完整的男人"，可以将生命托付给医生，哪怕失去生命都在所不

惜；反方则认为，正因为何鲁过于信任医生，最终失去了性命。画中的威灵顿就认为何鲁将自己的生命托付给一个鲁莽的改革者，结果是国家政体的全线崩溃。

4月16日，《皇家康沃尔公报》刊登了一位议员的来信：

> 可怜的何鲁，有着某种相似的身体特征，把自己交给了比他高明得多的人，但他还是衰竭而亡。立法机关首先要做的是作出决定性的努力，以恢复自信和自由，这对构建其公信力是至关重要的。在这之后，我相信它是不会在严格的自我检查和纠正面前退缩的。[11]

4月19日，托利党人提出反对改革法案的修正案，格雷致信国王威廉四世表示不能接受修正案，并按惯例要求国王解散国会。威廉四世认识到若是他拒绝格雷的建议，国内会爆发革命，就勉强同意了格雷的要求。[12]于是，在媒体和政客的话语中，何鲁就变身为国王威廉四世。当时有一份广泛流行的传单借何鲁之身分析英国国王的思想与处境：

> 国王可以同意，因为他的顾问告诉他这样

做是正确和谨慎的，只要他还能信任那些顾问，他就不会反对这样一个诚恳的建议。可怜的何鲁，一个患有巨大肿瘤的中国人，他同意在盖伊医院做手术，因为医生们告诉他，如果不做，他就会死。医生们还说，除掉他们所说的大量腐败，就能改变他的身材，改善他的体质，这是一件好事。何鲁当然同意了——不然他还能怎么办呢？医生们已经把他牢牢地抓在手里了——但是谁也不会蠢到会认为从他身上割去56磅的血肉是件令人愉快的事。他接受了他的外科医生的建议，当然他也做了手术，但是请记住，这个可怜的何鲁死了。以同样的方式，威廉四世国王也可以在批准这项措施时这样说：如果你认为有必要，先生，管理权就在你的手中；如果你认为肿瘤（腐败）必须铲除，那我已经准备好躺在手术台上，允许你切开。[13]

但是，作者提醒大家认清一个现实，威廉四世——一个统治地球上最富有、最自由、最幸福国家的国王，是不会乐意对执行了几个世纪的国家宪法进行彻底改革的。[14]这意味着国王最终不可能成为何鲁，任政治家随意处置。

美国哈佛大学欧洲研究政治中心摩尔（Moore）教授认为格雷政府在解决各种势力冲突产生的问题时，采取的方式是加强服从性。[15]5月20日，某议员竞选演讲时再提何鲁事件，认为他若是早点开刀，手术就会安全，生命就会保全，对国家来说，越早割去腐败越好。[16]议员们一再借助何鲁信任并积极配合医生的服从性事例，劝说议会和议员们"服从"政府的改革举措。1832年改革法案正式通过，最终，格雷的改革成功了。

西方医学史家认为："情感和同情在19世纪20年代、30年代和40年代的医疗和外科改革运动中扮演了类似的政治角色。"[17]何鲁手术不仅牵动了伦敦全体市民的情感神经，导致社会同情心大泛滥，甚至引起政治家们的广泛关注。何鲁的畸形身材及其戏剧性的手术过程直接被牵扯入同时期英国最大的政治改革旋涡中，充当国体（John Bull）形象。

令人不解的是，道尔在何鲁的姓名前添加了"Choo"姓，该词在另一份传单中出现。[18]"Choo"的发音有朱、诸、竺等姓氏，亦有可能以"Choo"特指他是中国人。该词是否带有贬义色彩？待解。

在一个月，同一座城市，何鲁以两种国家形象出现在英国公众面前，时而是东方的中国人，时而是大腹便便的约翰牛，甚至是瞻前顾后、犹豫不决的英国国王。但是无论是何种形象，何鲁都充当了同一类型人物——病态国体的代言人。

道尔是英国讽刺漫画作家流派的创始人，他多次采用医学隐喻的方法创作政治讽刺作品。1843 年，他以同样的风格绘制了一幅名为"非同寻常的放血！或为了宪法利益而进行的伟大的放血术"（*Bleeding Extraordinary! Or the Great Phlebotomist Operating for the Benefit of the Constitution*）的漫画。此英文的标题就是模仿当初媒体报道何鲁手术的题目：非同寻常的手术（*Extraordinary Operation*）。

道尔早年的讽刺漫画作品一直署名为 H. B.，直到 1843 年，他在写给当时已任首相的皮尔的信中，揭开了这个秘密。《泰晤士报》曾以"H. B. 的政治素描"为题对道尔以漫画介入政治的方式作出如下评论：

> 铅笔与无声寓意在政治教育中的地位是难以确定的。不久前，大多数人可能会怀疑，铅笔是否能系统地传达真实或严肃的政治教诲。的确，单纯作为一种人身攻击的武器，政治漫画

图 34　道尔像

　　HB 是人们最熟悉的铅笔类型，常用于素描。约翰·道尔早年的讽刺漫画作品一直署名为 H. B.。直到 1843 年，他在写给当时已任首相的皮尔的信中，揭开了这个秘密。

　　他的作品被媒体称为"H. B. 的政治素描"。铅笔是否"能系统地传达真实或严肃的政治教诲"呢？

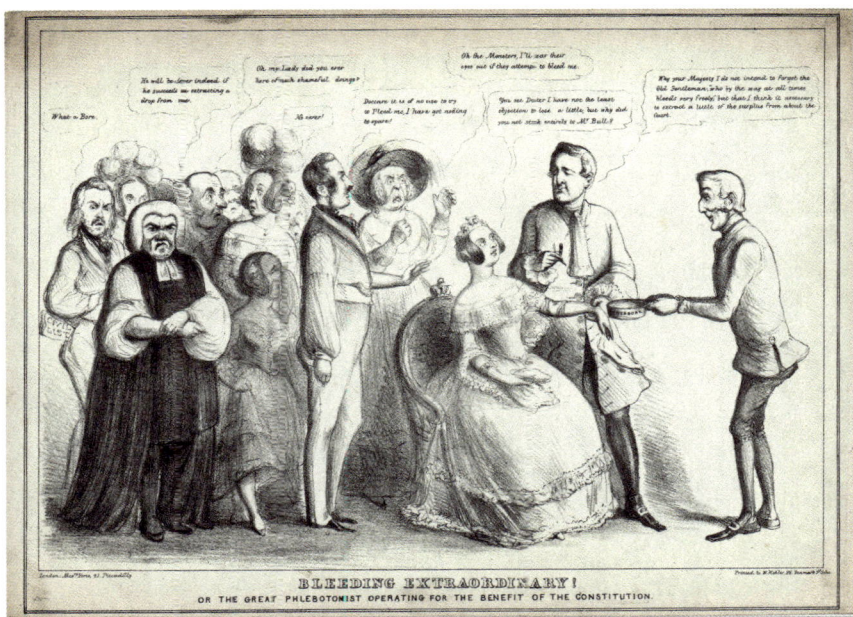

图 35　道尔绘,《非同寻常的放血！或为了宪法利益而进行的伟大的放血术》

　　何鲁事件对道尔的创作影响是显著的，他不仅有多幅作品采用医学叙事的模式讽刺英国的社会、政治和经济问题，甚至模仿何鲁事件的主题创作。

　　此幅《非同寻常的放血！或为了宪法利益而进行的伟大的放血术》（*Bleeding Extraordinary! Or the Great Phlebotomist Operating for the Benefit of the Constitution, 1843*）的政治讽刺画的主题就与媒体报道何鲁事件的标题有异曲同工之妙。

在世界上任何一个时代都证明了它所具有的卓越权力；然而，直到现在，作为一种政治观点的倡导者，一个教义的拥护者，一项原则的支持者，政治漫画的影响力几乎完全被忽视或是被弃之不用。不过，现在情况出现了转机，所有看过"H. B. 的政治素描"的人都会欣然承认，至少会有这样一种可能性，以铅笔甚至于钢笔为工具，可以超越纯粹的个人褒贬态度，并通过个人将其转化为对总体政策或行为的赞同或谴责。然而，要准确地界定铅笔作为政治武器的确切作用是困难的。"铅笔素描"蕴含一般意义上褒贬不一的教训，不过它是借助具体化为个人行为的方式来实现的。它是公众舆论的一种表达，但它仅限于为过去辩护，将未来留待人们从已逝去之物的报应性正义中去推断。[19]

1862 年 7 月 26 日，美国纽约的一份政治刊物《哈波斯周刊》(*Harper's Weekly*) 刊登了一幅"约翰牛"的讽刺漫画，此约翰牛挺着一个巨瘤的肚子。1887 年，在由道尔的儿子参与创办的英国第一本讽刺漫画杂志《笨拙》(*Punch*) 上刊载了一张名为"约翰牛与哥伦比亚"(*John*

Bull and Columbia）的漫画。哥伦比亚是美国的早期国名称呼，此图以拟人化的方式表述英国与美国，其中约翰牛的体型酷似何鲁。之后在很长一段时间内，约翰牛一直以大腹便便的形象呈现在世人面前，比如 1915 年发表的《约翰牛与世界大战》（*John Bull and the World War*）漫画。

图 36　政治漫画《约翰牛》

　　1862 年 7 月 26 日，美国《哈波斯周刊》（*Harper's Weekly*）上刊载名为"约翰牛"的政治漫画。画面中的英国佬挺着一个何鲁式的大肚子，里面似乎长着一个巨瘤。

图 37　政治漫画《约翰牛与哥伦比亚》

到 19 世纪末 20 世纪初，以何鲁肚子为模型的约翰牛形象已成为英国国体的正式形象。

此幅画就是由道尔的儿子参与创办的讽刺漫画杂志《笨拙》（*Punch, 1887*）上刊载的拟人化的英国与美国形象，名为《约翰牛与哥伦比亚》。

第三篇

医学慈善：造就"英勇的何鲁"

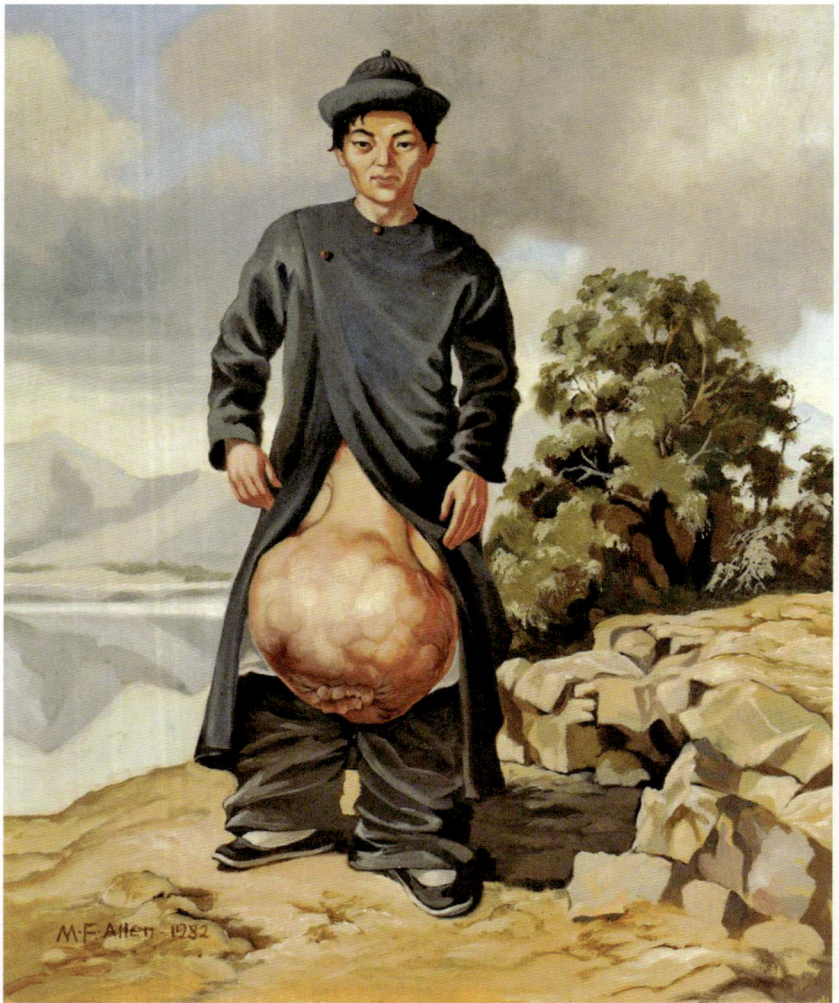

M·F·Allen · 1982

一个慈善家的形象

　　何鲁未能从手术台站起来的结局，是郭雷枢和东印度公司都没有料到的。从英国媒体的报道可知，东印度公司船医护送何鲁到盖伊医院后，公司并未安排人员留下陪伴何鲁在医院检查与开刀。何鲁死后，盖伊医院是在获得东印度公司许可后才对其进行了尸检。显然，东印度公司是何鲁的监护人，但是何鲁的葬礼等一系列后事是由医院操办执行的，东印度公司未见插手，亦未派代表参加，公司的档案中亦没有任何何鲁事件的记录。4个月后，由东印度公司资助的《亚洲月刊》（*The Asiatic Journal and Monthly Register for British and Foreign India, China and Australasia*）在其"亚洲新闻"专辑中以"一个中国人的致命手术"为题，综合当时英国媒体的报道介绍何鲁的手术事件。该文以"Ho Lo"称呼何鲁，详细地描述了何鲁是如何给英国社会留下良好印象，以及他在手术台呼叫的惨状。[1] 该杂志创办于1816年，最初是以向英国介绍印度的政治文化信息为主，也就亚洲地区的政治文化、宗教和战争等敏感问题展开讨论，而此阶段该杂志一直在向英国乃至欧洲社会传输中国社会的信息，以及中英关系的进展，代表了英国殖民主义的倾向。

然而，当初积极努力操办何鲁西行求医的郭雷枢则从未在公开场合提起过此事。

一、澳门眼科医院与东印度公司

何鲁客死他乡，郭雷枢继续在澳门给华人看病，并负责在经济上资助何鲁的母亲。澳门眼科医院存续五年，在澳门和广州的中外商人眼里，郭雷枢是一位热心好善、体恤他人的绅士。[2] 他在空余时间关心华人的疾苦，原是本性使然。然而，在1828年医院收到东印度公司牧师魏歇尔（George H. Vachell, 1799—1839）的捐款后，郭雷枢的思想发生了变化，他意识到眼科医院可以在"美化我们的基督教文明"方面起到一定作用。[3] 他以此说辞向东印度公司申请对医院的认可，获得批准后，他就请求公司资助医院购买医药。[4] 他说服正在广州一隅左冲右突试图闯入中国的西方商人、传教士和外交官相信支持医学慈善可以让他们名垂青史。

> 当我们与中国的其他联系的记录逝去的时候，可能会被记住的事，是我们缓解了中国人的疾患。[5]

自 1828 年起，澳门眼科医院陆续赢得了东印度公司大班部楼顿（William H. Plowden, 1787—1880）、东印度公司书记兼特选委员会成员米列特（Charles Millett, 1792—1873）、原东印度公司外科医生兼鸦片商人渣甸、英国传教士马礼逊（Dr. Robert Morrison, 1782—1834）、巴斯商人和他的老朋友罗便臣等公司众人的捐款。两年之内，"一些比较富裕和受人尊敬的华人阶层"也加入捐赠行列，其中有东兴行谢棣华（Gowqua）、怡和行伍怡和（Howqua）、天宝行梁承禧（Kingqua）、广利行卢文锦（Mowqua）和同孚行潘绍光（Punkequa）。洋商的捐赠是历年来医院最大的一笔收入，医院借此扩大了经营规模。[6]

郭雷枢甚至邀请部楼顿到医院参观，见证他是如何将医学专业技能和仁慈关怀完美结合，为中国贫困人民创造福祉的，从而在东印度公司大班心目中塑造了一个"医学慈善家"（both as a surgeon and a philanthropist）的形象。[7]
五年内，澳门眼科医院共计获得捐款 6 950.7 银元。[8]

苏精在研究郭雷枢等东印度公司驻馆医生时指出：
"如果将他们的引介西医，解读为完全出于对华人的慈善
之心，则不免是一厢情愿与过甚其词。他们的善意无可怀
疑，但他们同时也是基于英国和东印度公司的国家与商业
双重利益，期望借着展现西方近代医学的进步与成就，让
中国人改变对他们的印象，从而改善双方的关系，得以比
较顺利地进行商业活动。"[9]眼科医院依靠东印度公司和
华人行商的共同捐赠发展起来了，唯一一位连续五年都向
医院捐款的是魏歇尔牧师。郭雷枢非常成功地将个人的医
疗善行与基督教传播事业结合起来，并将此想法扩展到西
人社区和与西人交往的华商圈子，化为实际行动，呼吁他
们共同创建医学慈善事业。

二、医学慈善的具象化

首先回应郭雷枢呼吁的是在华传教士群体，他们利
用自己主办的《广州杂志》和《中国丛报》向在华西人推
介医学慈善的概念。1832 年《中国丛报》在讨论西人在
华的慈善事业时，列举了两个成功的事件：一是东印度公

司外科医生皮尔逊引进的牛痘接种术，二是郭雷枢的眼科医院。[10]该报认为在广州地区有一个令人尊敬的"医疗社区"，他们以清湛的医学技术赢得了当地人的敬爱。[11]1833年《中国丛报》刊载了郭雷枢撰写的眼科医院报告，并转引了报告中两封来自华人患者的感谢信，感谢信应该是用中文写的，是谁翻译的并不清楚。当时在广州地区，除东印度公司翻译马礼逊，还有一些略通中文的传教士，特别是《中国丛报》的主要编辑裨治文（Elijah Coleman Bridgman, 1801—1861）。他对信中的诸多中文专用术语作了注解，比如颂辞中以中国古代名医比拟郭雷枢、病人以"国手"称呼医生等，评论认为郭雷枢的眼科医院做了件了不起的事。[12]《中国丛报》表示要大声疾呼，中国与英国在"在商业活动中可能存在着相互竞争的利益，但在慈善事业中却并非如此"[13]。

其次是东印度公司，他们采取了一个特殊的方法彰显医学慈善的意义。1833年东印度公司特选委员会出资聘请当时活跃在广州、澳门地区，以鬻画谋生的英国画家钱纳利（George Chinnery, 1774—1852）绘制一幅郭雷枢在医院施诊的写实画，以此"将他的人道主义实践具象化"。[14]郭雷枢给华人治疗的这幅油画，一直是研究眼科医院的原始史料。[15]然而，这件作品既非钱纳利原创，也未必是当时医院真实场面的写照。钱纳利只是忠实地按郭雷枢和东印度公司所设计的脚本，将故事场景创作了出来。

> 一位患白内障失明的中国老妇人，在她约14岁儿子挽领下来寻求郭雷枢治疗，手术顺利完成，康复中的病人正准备离开澳门。画面展示了郭雷枢对老妇人的眼睛做最后的检查，他将手安放在她的额头，自己朝向助手，通过他的翻译指导病人恢复和保护视力的方法。男孩手持一个中国式信封，跪赠给郭雷枢，表达他对医生的感恩之心。在画面的后面，有一位蒙眼老者坐在地上，等待郭雷枢给他进行白内障手术。[16]

画中的五位人物，除了郭雷枢和他的助手阿风是真实人物，两位男女病人是医院病人众像的代表，而小孩跪送致谢的姿态纯粹是艺术创作。如此的创作主题传递出了三层含义：一、西方人给生活在黑暗世界中的中国人带来了光明；二、中国人对西方医生充满感激之情；三、更多的中国人等待西方人的救助。西方图像史研究者将此行为描述为"自我表达"，认为这是艺术家与被画者"共谋"

图 38 钱纳利绘，郭雷枢在澳门眼科医院治疗患者（1833 年）

郭雷枢在澳门的西人社区是一个人品高尚、有着英国老派贵族风度、心地善良、极其真实的人，不仅受到女孩子们的喜爱，也受到当地人的尊敬。

1833 年 3 月，东印度公司出资安排钱纳利绘制了这幅郭雷枢在眼科医院治疗的画像。画面中的五个人，除靠雷枢和他的助手葡中混血儿阿风，另外三人——复明的女性、递送红包的小孩子和等待之助的男性盲人都具有代表意义。

东印度公司希望逐过钱纳利的画笔绘制出华人对西方医术的态度，彰显西方的先进科技和文明。

原图现收藏于美国皮薄迪博物馆。

的过程，从某种意义而言，"图像既是一种不可或缺的史料，又是一种带有欺骗性的史料"。[17]它更有可能是歪曲了的镜像。

显然，东印度公司对钱纳利所表达的绘画叙事相当满意，为此向他支付了500英镑的酬金。[18]相较于当时钱纳利一幅画像收入徘徊在50至100银元间的市价，可谓一笔巨款。[19]该公司还请英国雕刻家威廉·丹尼尔（William Daniell, 1769—1837）将此画制作成金属版[20]，方便印刷，可供人悬挂在家中，以此将"医学慈善"画面持久地印在众人的脑海里。[21]

该画的原作一直由郭雷枢眼科医院的捐赠者、东印度公司的植物采集员米列特保存。他在澳门、锡兰、马拉巴尔和爪哇收集植物标本，是英国皇家植物园林邱园（The Royal Botanic Gardens, Kew）园长威廉·胡克（William Hooker, 1785—1865）和剑桥大学植物学教授约翰·亨斯洛（John Henslow, 1796—1861）的重要通信员。他还是英国皇家学会会长班克斯（Joseph Banks, 1743—1820）创建的"广州工厂"的成员，该组织以博物学家和收藏家为主，在广东地区广泛收集博物种子和标本。[22]1834年米列特返回伦敦，1873年去世，1875年此画作被送回至郭雷枢在英国的家中。当时郭雷枢的女儿弗朗西斯·玛丽

（Frances Mary）刚从印度回到英国，她在家乡见到此画，郭雷枢对她说："如果你喜欢，就送给你吧。"郭雷枢去世后，此画由其子女保存。目前这幅原作保存在美国皮博迪博物馆（Peabody Essex Museum），由郭雷枢女儿塞西莉亚（Cecilia Colledge）捐赠。1880 年后，该图被反复影印在研究西医传入中国的专著中，形象地彰显了西方医生在中国传番医学科学的功绩。

三、一段插曲："律劳卑事件"中隐形的
　　关键人物——郭雷枢

1834 年，郭雷枢卷入重要的政治外交事件——"律劳卑事件"（Napier's Fizzle），此事起初与英国组阁成功的格雷政府有关。

1333 年 8 月 28 日，格雷组阁后的英国国会通过《1833 年东印度公司特权法案》（*Government of India Act 1833 or East India Company Act 1833*），该法案终结了东印度公司对华和远东地区长达二百年的贸易垄断权。法案规定，由政府委派官员监督英商在广州的商业贸易。英国外交大臣辉格党巴麦尊（Herry J. Palmerston, 1784—1865）提名苏格兰贵族、海军军官和养羊业主律劳卑担任首任驻华

商务监督。1834 年 4 月，律劳卑启程赴华。

为了突破东印度公司的垄断和清政府关于外商在华贸易仅限于广州一隅的规定，自 1832 年起，远在中国的英国商船多次冒险违禁闯入浙江、山东乃至东北的海域，以谋求更大的商业机会，却屡遭清政府的驱逐，被押送出省。[23]英商与清廷的关系日渐紧张。

1834 年 7 月 15 日，律劳卑抵澳门。两广总督卢坤得知此事后，认为中英贸易已有百余年历史，早定有规章制度，若律劳卑是为了东印度公司解散之事前来，就需重新制定贸易章程，旋让怡和行的伍浩官等洋行商人"查询该夷目因何事来省，如因公司散局，应另定贸易章程，即告该商等转禀"[24]。律劳卑非但不理会行商转述的信息，反而于 7 月 25 日擅自进入广州，住进英国商馆。第二天，他还以"大英国军机大臣、水师船督、特命驻中华总管本国贸易正监督、世袭侯爵纳陛"的英国官方身份致信两广总督卢坤[25]，并让自己的秘书直接将信投递至城门外。因书信的格式不符合清廷外交"禀帖"惯例，卢坤拒收律劳卑的文书，同时，卢坤对律劳卑自抬身价的官方身份提出质疑，派副将韩肇庆重申"天朝制度，从不与外夷通达书信；贸易事件，应由商人转禀，不准投递书函"[26]。之后，不愿遵守法度的律劳卑在处理英中外交事务上一连串不恰当的操作，非但没有帮助在华外商缓解英中贸易日趋紧张的危机，相反激怒广州官员作出封舱、驱逐律劳卑、终止贸易、包围商馆等举措，导致中英军队在虎门海域相互炮击，而拒绝离开广州的律劳卑本人亦被困守在广州商馆数月。

"律劳卑事件"引发了近代中英关系史上的第一场军事冲突，作为近代中外关系史上的一个转折点，其是近代史研究的重要课题，《剑桥晚清中国史》中有专门的讨论，海内外学者对此有丰硕的研究成果。[27]

然而，竟然没有一位研究者发现"郭雷枢"，他在整个事件中所担当的重要角色，尤其是他在事件终结的走向中所产生的重要作用，这个历史拐点完全被以往的研究者忽略了。因为在中英双方的文献中，他出场的名字和身份完全不同：在广州官员的奏折和律劳卑讣告中，他是以"夷商加律治"和"特命监督之医师歌律治"的中文名字出现的；在英方的文献中，他的身份是 Thomas R. Colledge, Surgeon to H. M. Superintendent（即特命监督医师）。对中国学者而言，没有人会去在意一位医生在一个重大的历史事件中的作用。

"律劳卑事件"终结的转折点：1834 年 9 月 14 日（道光十四年八月十二日）律劳卑签字发表声明，希望广东官员给他发放通行红牌，以便退出广州。9 月 21 日，律劳

卑走出广州商馆登船，黯然回澳门，但未顺利出关，26
日才凭通行证回到澳门。

关于律劳卑的声明，中英双方的表述完全不同，据清
广州将军"哈丰阿等奏"一折报告：

> 旋于八月十六日据洋商伍敦元等，转据该国
> 散商加律治等报称：律劳卑自认因初入内地，不
> 知例禁，是以未领牌照，即行进省。兵船实因护
> 货，误入虎门。今已知错误，乞求恩准下澳，兵
> 船即日退出，求准出口等情。……
>
> 兹于十八日据该夷商加律治等向伍敦元等
> 复称：律劳卑实系来粤管理贸易事务，因自以为
> 官，即称监督，前递书函内所写，因伊系夷官，
> 与大班不同，欲与天朝文武衙门文移往来，礼貌
> 相当，并无别语。至兵船进口，实因商船封舱，
> 货物久贮，恐致疏虞，是以进口保护。因被海
> 口兵丁开炮轰击，夷兵亦放炮自护，以致损伤炮
> 台，深知悔错，即当修复，惟求恩准，给牌下澳
> 等情。具禀前来。[28]

按广州方面的奏折，正是由于律劳卑"深知悔错"，

两次低头认错，才批准重启商贸，并通过粤海关发放红牌，准律劳卑回澳门。

但英方在律劳卑去世后，通过《中国丛报》发布《在华英国当局》（*British Authorities in China*）一文，回顾此事件的整个经过，全盘否定卢坤奏折中律劳卑有公开认错的意思，并公布英国官方的态度：

> 英夷在中国内地有一个开放市场，但迄今为止，双方没有官方交流的通道。而且，应该有一个能拥有全面控制权的人指导监督，这是绝对必要的。祈请督宪即刻谕示洋商，让他们命令（英）商人写信回国，申请派遣一个大人物为监督，按照旧例管理与指导商务。[29]

中英双方都将"无礼"与"违规"的责任推向对方。问题出在哪里？有学者认为这是英方的狡辩，是将矛盾推向中方，让自己站在"公理"一边，同时为发动战争造势。[30] 事实上，《广州纪事报》就9月14日律劳卑的真实状态作了详细描述：

> 9月14日，星期六，当侯爵大人向中国人

宣布他想撤出广州时，他一直卧病在床。他的医生规劝他，为了健康，应该放弃工作。但是，他对公共服务的强烈热情盖过一切，以至于没有人能说服他。18日，他的身体越来越虚弱，医生坚持建议他停止工作。[31]

此文中的医生就是郭雷枢和律劳卑的另一位医生安德森。律劳卑抵华之后，郭雷枢的身份发生了变化，他由广州商馆的医生改任律劳卑的医生，负责他的健康。9月初律劳卑开始生病，至中旬中英冲突达到白热化，他因积劳成疾一直处于发烧状态。现代学者研究称其患疟疾，但郭雷枢的医学报告中并没有说明疾病的名称，而裨治文则将加剧律劳卑病重的责任怪罪于广东官员的迫害。[32]健康不佳的律劳卑不接受郭雷枢让他放弃工作去休息的建议。直到9月14日发表声明时，律劳卑已卧床不起，这才接受郭雷枢的意见放弃工作，自此，郭雷枢全权充当律劳卑与华商之间的沟通者。

从中方角度看，卢坤不承认律劳卑的官方身份，拒绝与他直接接触。而律劳卑认为中方将他的名字译为"劳卑"，有辱他和英帝国的尊严，也拒绝与卢坤会面。因此，在整个事件中，卢坤与律劳卑的交涉都是通过英商和华商两个中间商展开的，华商的主要代表是怡和行的伍敦元（即伍浩官）和广利行的卢文锦（即卢茂官），他们都与郭雷枢相熟，是澳门眼科医院的赞助商。从9月开始，与中方代表交流的英方代表便是郭雷枢，即卢坤奏中的"该国散商加律治"，《在华英国当局》一文公布与中方交涉的文件也出自郭雷枢的会谈记录。

9月19日，郭雷枢与伍浩官在渣甸家中会晤谈判。郭雷枢表示律劳卑的健康状况已使他无法与中方对话，自己将作为英国驻华商务监督律劳卑的全权代表，表达英方的军舰愿意离开黄埔，要求中方发放通行证，并安排一条通道，让律劳卑回到澳门治疗。郭雷枢强调在广州已没有足够的药物救治律劳卑了。伍浩官表示相信郭雷枢的人品，从而认定他的说法是严肃认真的，然后，伍浩官说"让我们握手吧"。之后郭雷枢离开渣甸家，伍浩官则前往官府。下午伍浩官回复称一切都办妥了。然而，第二天一早，伍浩官又表示中方不同意，他们会继续去协商。

这意味着上述中英双方的不同说法，其实出自这场会晤，是由郭雷枢和伍浩官在渣甸家中敲定的，并非如某些研究者所说是律劳卑本人在渣甸家中与伍浩官会面。

9月20日（八月十八日）下午，郭雷枢在渣甸家再次通过伍浩官向卢坤传递英方的信息，要求提供英方代表离开广州的"Chop"，即出广州的"牌"。9月21日，郭雷枢陪同律劳卑走出广州商馆，登上回澳门的船只，但一直没有顺利出关。23日，律劳卑再次发烧，郭雷枢只能通过一位"通事"向中方传递信息，律劳卑健康处于危急状态，医生已没有药物给予治疗，请求尽快获得通行。25日郭雷枢获得通行证，26日上午律劳卑才回到澳门。1834年10月11日，律劳卑死于郭雷枢的手臂中。[33]同日，由郭雷枢代表英方向中英双方谈判的中间人、洋商伍浩官和卢茂官发送律劳卑逝世讣告。13日，讣告送达广州，由马礼逊译成中文，讣文如下：

> 径启者，
> 今惨痛之极书知 尊驾以我 英国 大主特命来驻中华总管本国贸易正监督正贵大臣世袭侯爵无比，本晚十点半钟时，因病已薨。兹请二位尊驾将此甚然伤心之事，禀明督宪大人，专此布达。
> 上 伍浩官
> 　卢茂官
> 清照。
> 特命监督之医师歌律治书
> 澳门，九月初九日（1834年10月11日）付[34]

经启者，弟今恪遵之极书知。尊驾以我 英国 大主特命来驻中华总管本国贸易 正监督正青大臣世替续，爵无此本晚十点半钟时因病已亮益清，一径尊驾将此甚然伤心之事禀明，督宪大人察此布达。上

特命监督之医师歌律治书。

澳门九月初九日付。

清照。

九月十八日，伍浩官和卢茂官致信郭雷枢表示已将律劳卑病逝信息转禀督宪大人。[35] 九月二十一日，两人再次致信郭雷枢，已收到"督宪批谕，理合抄录送"。[36] 卢坤在十一月二十四日上奏时提到："夷目律劳卑病故，其原坐兵船一只先于九月十四日开行回国。"[37] 律劳卑事件暂告段落。

律劳卑落改回澳门，其中重要的原因恐怕如以往学者所认为的，是他触及了在华英商的利益，引起他们集体反水，但日趋严重的疾病对他的判断与决定有着不容忽视的影响。郭雷枢在整个事件中所扮演的不是一个简单的医生角色，而是英国官方最后的代言人，也是中英双方不同认知的发言者。

"律劳卑事件"最大的冲突点，在于英方无法接受中方视英人为"夷"或

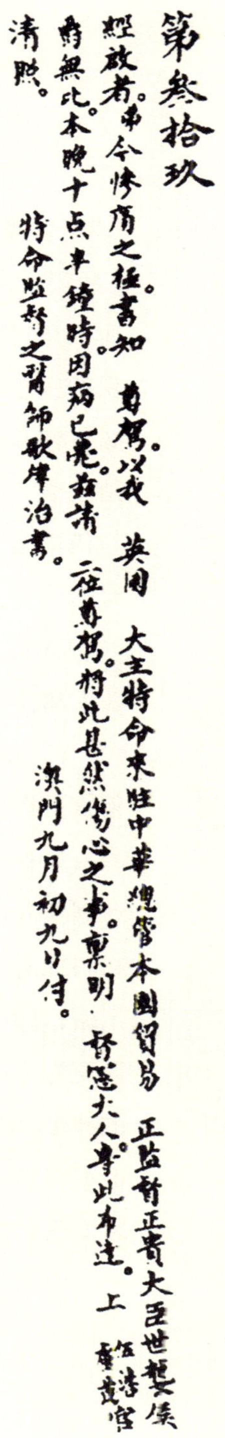

图 39　郭雷枢致伍浩官、卢茂官之律劳卑讣告

这是抄录在清档案中的一份文书。由郭雷枢撰写的英文版律劳卑讣告，经马礼逊翻译成中文，递交给洋行伍浩官和卢茂官，通过把它们转交两广总督。

在此讣告末尾，郭雷枢的落款是：特命监督之医师歌律治书。

"卑"，换句话说，此时在中国官员的眼中，英商都是"野蛮人"。英方派出医生郭雷枢代表律劳卑出面交涉，而不是其他"夷商"，在于以郭雷枢在澳门、广州经年累积的医学慈善活动，他可以成为西方文明人的代表，正如伍浩官所言，"我相信你的人品"。至于中方，并不清楚代表英方与他们交涉的人物的真正身份，而误认为是与伍浩官一样的商人："散商加律治"。因而，在后来所有的研究中，郭雷枢这个人物就被隐形了。

事实上，1834 年律劳卑事件之后，郭雷枢在广州的西人和洋商圈中影响力遽增。

西方学者认为律劳卑事件有两个重要后果："它使清朝官员相信，一经大胆地封锁商馆，英商就是些孤立无告的人质；它也使律劳卑的继任者认识到，没有应急的战争计划就向广州贸易制度挑战，是一件蠢事。"[38]这场发生在鸦片战争前夜的事件，让中方以为找到应对英方的安全策略；而在英方，尤其是在华英商和西侨则认为有必要采取更为主动积极的措施，酝酿着对中国大门发起更为猛烈的冲击。他们的思路由两个方向同时展开：一方面不断敦促英国出兵，由炮火轰破中国的大门；另一方面考虑从宗教文化层面改变英国人的形象，通过软实力挑开拴住中国大门的横木。

他们选用了"医学慈善"作为他们的敲门砖，这条妙计是由郭雷枢倡议设计的。在律劳卑刚抵中国时，郭雷枢就致信给他，"建议派遣医生来华担当传教士"[39]。郭雷枢告诉律劳卑，医生的救助可以赢得中国人的信任和尊重，激发中国人对外国人的感恩之情。

于是，郭雷枢和何鲁的故事在"律劳卑事件"之后，进入了一个新的叙事框架中。

第二章

英勇的何鲁：从医学慈善到医学传教

一、造就"英勇的何鲁"

回到何鲁事件，尽管郭雷枢和东印度公司在他去世之后，没有留下任何信息可供了解他们的态度，然而，何鲁赴英之事，在当时广州和澳门生活的西人社区中还是众人皆知。[1]何鲁在英国手术的全过程，通过欧洲媒体陆续传入国内。1831 年，一位匿名为"老头"（Senex）的西人致信《广州杂志》[2]，作者在颂扬英国医学绅士的慈善行为对中国社会的影响时，特别提到了何鲁事件。他感叹何鲁"明知手术既可能成功，亦可能失败的情况下，依然前往英国"。他从欧洲媒体的报道中得知，何鲁"在生命的最后时刻勇敢而耐心地忍受了手术的酷刑"。何鲁事件促使西方人坚定地相信，中国人天生对身体的痛苦有足够的忍耐力和承受力，"中国病人在痛苦之下并不缺乏毅力，他们在接受手术时顺从而沉着"[3]。作者表示何鲁坚忍顺从的表现令他反思，"以此种方法让中国人相信英国在艺术和科学方面已取得了极大进步，是多么令人高兴的事呀，这远远好过整日听自己的同胞沉迷于叙述我们的民族是如何优越之类的空话中"[4]。作者在极力颂扬英国医学绅士的慈善行为时，意识到医生工作能输出积极的能量，有助于改变华人对西人的印象。

三年后，即 1834 年，在署名为"一个慈善家"所著的《澳门眼科医院纪事》一书中第一次完整地叙述了何鲁去英国治疗的来龙去脉。该书的真实作者是龙思泰（Anders Ljungstedt, 1759—1835），他是一位生活在澳门、热衷于研究澳门历史的瑞典商人。[5]不清楚龙思泰是否受到《广州杂志》文章的启发，还是他从一开始就了解此事，但他的观点与"老头"相似。龙思泰不仅提到了《广州杂志》的文章，甚至引用了《柳叶刀》上记录何鲁如何忍受手术的酷刑，彰显他所认为的中国人有忍疼的天性。[6]

何鲁在手术过程中所表现出来的勇气，虽不是先例，但在外科史上也从未被超越。他时而呻吟，时而轻微惊叫，从他的言谈中我们已经知道他对此次手术不抱有希望。当他闭上眼睛，紧咬

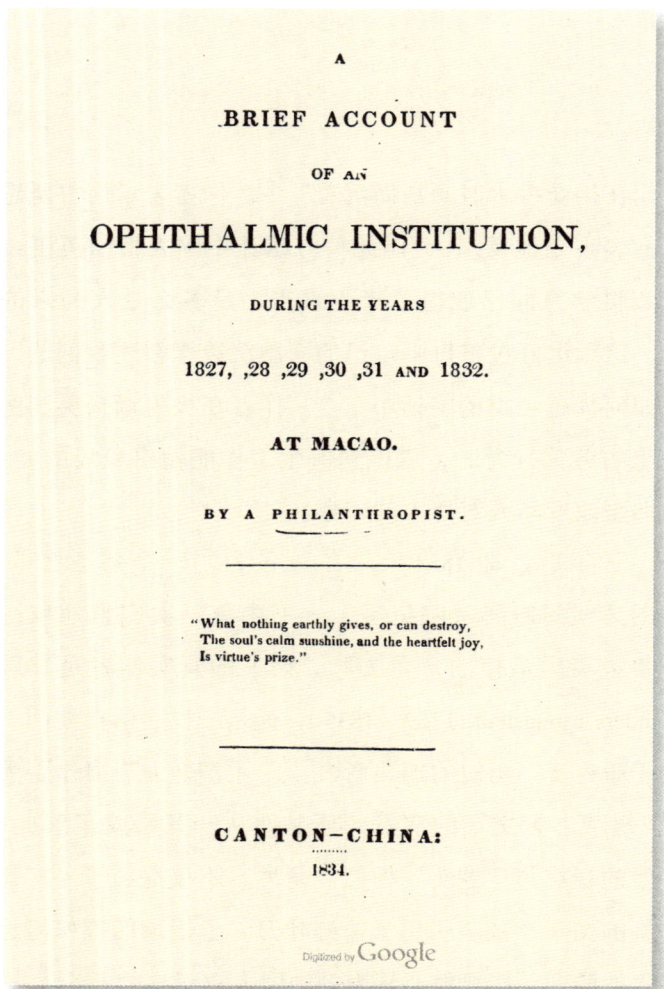

A

BRIEF ACCOUNT

OF AN

OPHTHALMIC INSTITUTION,

DURING THE YEARS

1827, ,28 ,29 ,30 ,31 AND 1832.

AT MACAO.

BY A PHILANTHROPIST.

"What nothing earthly gives, or can destroy,
The soul's calm sunshine, and the heartfelt joy,
Is virtue's prize."

CANTON–CHINA:
1834.

图 40 《澳门眼科医院纪事》封面

1834 年"律劳卑事件"之后，郭雷枢在西人社区的影响力进一步提升。

在澳门生活了数十年的瑞典历史学家龙思泰整理了澳门眼科医院所有资料，出版《澳门眼科医院纪事》。

书中全面披露了何鲁事件的前因后果，郭雷枢被塑造成一个大慈善家，何鲁则被包装成"英勇的何鲁"。

一个慈善家（龙思泰）著：《澳门眼科医院纪事》，广州：1834 年。

牙齿，所有神经只能屈从手术刀，轻颤的嘴唇显示出他对接受手术的后悔。[7]

龙思泰称手术中的何鲁是"英勇的何鲁"（heroic Hoo Loo）。

何鲁的牺牲精神令人动容，他在手术台上痛苦的悲鸣，满足了作者对英雄形象的想象，引起情感上的共鸣。龙思泰成功地在公众面前塑造了何鲁是英雄的完美形象。他笔下的何鲁是一位顺从西方医生意见的中国病人，以此论证何鲁对西医的绝对信任，形象地阐释了"医学慈善"和西方医学对中国人的影响[8]，此事成为作者颂扬郭雷枢医学慈善行为的注脚。[9]

很快，《中国丛报》就表现出对英勇的何鲁故事的浓厚兴趣。[10]《中国丛报》敏锐地从龙思泰的作品中捕捉到了何鲁事件的新闻效应，但嫌龙思泰小书的描述过于简单，难以满足他们和读者的好奇心，"此案例是如此有意思，我们应尽早抓住机会，把我们所能收集到的所有细节，一一呈现在我们的读者面前"。[11]半年后，《中国丛报》兑现承诺，以"中国农民何鲁"为题报道了何鲁事件的前因后果，这恐怕是《中国丛报》史上唯一一次进行的全方位新闻事件的调查与报道。何鲁到英国之后，英国医学杂志和大众

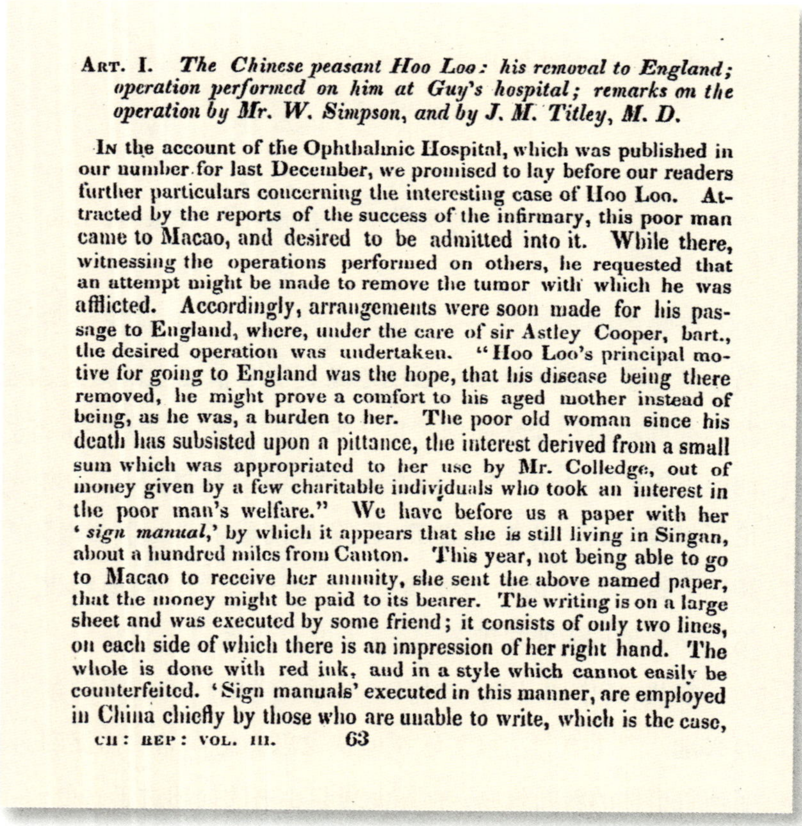

ART. I. *The Chinese peasant Hoo Loo: his removal to England; operation performed on him at Guy's hospital; remarks on the operation by Mr. W. Simpson, and by J. M. Titley, M. D.*

IN the account of the Ophthalmic Hospital, which was published in our number for last December, we promised to lay before our readers further particulars concerning the interesting case of Hoo Loo. Attracted by the reports of the success of the infirmary, this poor man came to Macao, and desired to be admitted into it. While there, witnessing the operations performed on others, he requested that an attempt might be made to remove the tumor with which he was afflicted. Accordingly, arrangements were soon made for his passage to England, where, under the care of sir Astley Cooper, bart., the desired operation was undertaken. "Hoo Loo's principal motive for going to England was the hope, that his disease being there removed, he might prove a comfort to his aged mother instead of being, as he was, a burden to her. The poor old woman since his death has subsisted upon a pittance, the interest derived from a small sum which was appropriated to her use by Mr. Colledge, out of money given by a few charitable individuals who took an interest in the poor man's welfare." We have before us a paper with her 'sign manual,' by which it appears that she is still living in Singan, about a hundred miles from Canton. This year, not being able to go to Macao to receive her annuity, she sent the above named paper, that the money might be paid to its bearer. The writing is on a large sheet and was executed by some friend; it consists of only two lines, on each side of which there is an impression of her right hand. The whole is done with red ink, and in a style which cannot easily be counterfeited. 'Sign manuals' executed in this manner, are employed in China chiefly by those who are unable to write, which is the case,

图 41 《中国农民何鲁：他的英国之行；他在盖伊医院接受手术治疗，以及辛普森医生和铁梯勒医生的评论》

　　"何鲁事件"引起《中国丛报》的兴趣："此案例是如此有意思，我们应尽早抓住机会，把我们所能收集到的所有细节，一一呈现在我们的读者面前。"

　　1835 年 3 月 1 日，《中国丛报》以长篇纪实性新闻报道方式塑造了一个为了母亲而义无返顾赴英求治、相信科学、信任西方医术、不畏疼痛、不惧死亡的英勇何鲁的形象，使四年前的一件旧事重新发酵，为正在竭力推广"医学慈善"理念的传教士们造势助力。

媒体均称其为"Hoo Loo, a Chinese labour"，当时在华传教士将"labour"译为"帮工"。[12]英国媒体可能从东印度公司资助他云英国而以为何鲁是东印度公司的员工，《中国丛报》的报道则明确了何鲁的身份是"农民"。

"中国农民何鲁"一文长达 8 页，作者尽可能复原了何鲁生前死后的所有历程：生前他对去除肿瘤的渴望、对西医的绝对信任，夭亡后社会对其母亲的资助。编辑转载了《柳叶刀》上盖伊医院的报告、辛普森和铁梯勒的笔战，将何鲁在异国他乡的遭遇，手术台上克服剧痛的隐忍和护士们同情的眼泪，栩栩如生地展现在读者面前，但编辑略去了医院最后的尸检报告。[13]

《中国丛报》以长篇纪实性新闻报道方式塑造了一个为了母亲而义无返顾赴英求治、相信科学、信任西方医术、不畏疼痛、不惧死亡的英勇何鲁的形象，使四年前的一件旧事重新发酵，为正在竭力推广"医学慈善"理念的传教士们造势助力。

二、医学传教的开拓者：《任用医生来华担任传教士商榷书》

1832 年，美国传教士裨治文创建《中国丛报》，这份报纸便成为传教士和医生倡导以医学手段消除华人对西方人偏见的一个重要窗口。首先主张以医学技术辅助传教工作的是德国传教士郭实腊（Karl F. A. Gützlaff, 1803—1851），自 1831 年起他通过海路在中国沿岸考察传教，途中他发现医疗是颇为有效的沟通手段，便利用该媒体表达了他要在中国的中心城市建立医院的设想。郭雷枢在澳门和广州两地开设医院均获得成功，使郭实腊萌生一个念头：将医学当作可以改变中外关系的一项事业来进行。[14]

　　1834 年 12 月，"律劳卑事件"之后，为提升西人自尊自信的感觉，树立西方人在华的慈善文明形象，龙思泰在《中国丛报》发表了《澳门眼科医院纪事》，除了表彰何鲁的英勇故事，他主要的目的是歌颂记录澳门医院功绩。[15]以"一个慈善家"作为《澳门眼科医院纪事》的作者署名，这实质上是龙思泰献给郭雷枢的尊称，他认为郭雷枢担当得起"慈善家"的头衔。龙思泰将眼科医院五年的成果，归纳为一个关键词：仁慈。该书以郭雷枢的医院报告、东印度公司大班部楼顿的参观纪要、六年的捐款名录和医院经费开支、十六封华人患者的感谢信，以及郭雷枢致律劳卑申请开设海军医院的计划为基础史料，赞颂了郭雷枢在华从事的医疗善行。郭雷枢对待病家的方式，医疗产生的出人意料的效果，华人患者对眼科医院的真情反馈，让这位在广州、澳门生活了近四十年的洋人意识到"医学慈善"所展示的普世意义有可能改变西方人在华人心中的形象。

> 在伴随文明而来的诸种美德中，最有用、最和蔼可亲的是"仁慈"，因为"仁慈"的影响可涵盖全人类。[16]

在此书中，郭雷枢以外科技术为中国穷人创造福祉的大慈善家身份被公开表彰。龙思泰在郭雷枢身上看到医学慈善有希望让中国人改变对他们的态度，以往中国人眼中的"野蛮人"将变成中国人"开明的恩人"。[17]龙思泰鼓励他的同胞们"做同样的善事"，赢得世界的掌声。[18]这也是对"律劳卑事件"中引起在华西人最敏感的问题"夷目"的一种反映。

龙思泰撰写《澳门眼科医院纪事》时年届 75 岁，深知自己已走到生命的尽头，他借由何鲁事件和郭雷枢的成功，说出自己的最后愿望：

> 如果我有办法，我将派遣一支仁慈的外科医生军队进入这个帝国：我对他们的成功充满信

心，我将带着光明和安慰的希望步入坟墓，相信在四分之一个世纪之内，我的期望将实现；现在存在的巨大障碍、无知和偏见将被一扫而空，不留一丝痕迹。[19]

1835 年，美国公理会医学传教士伯驾接受郭雷枢的建议，选择在广州开设眼科医院，11 月医院在广州十三行新豆栏街开张，六星期之内有将近 450 位中国病人去医院求治。郭雷枢认为伯驾医院是成功地将医学和传教士结合的完美事例。伯驾医院让郭雷枢看到医生可以纠正中国人对西方人的偏见，而西方人可以改善中国人的生活，创造新医疗技术的前景。重要的是，他们两人关于"医学传教"的理念彼此相当。

1835 年 12 月，《中国丛报》公开发表了郭雷枢在1834 年致律劳卑的一封信，即著名的《任用医生来华担任传教士商榷书》。[20] 这份商榷书还被制作成小册子送到印度，1836 年 12 月在加尔各答由英国人主办的《印度之友》(The Friend of Indian) 刊载，之后《印度之友》还多次报道了"在华医务传道会"的消息。[21]

郭雷枢表示经自己长时间的观察，发现中国人是有理性判断的，"中国人必须首先相信实用，然后才能理解

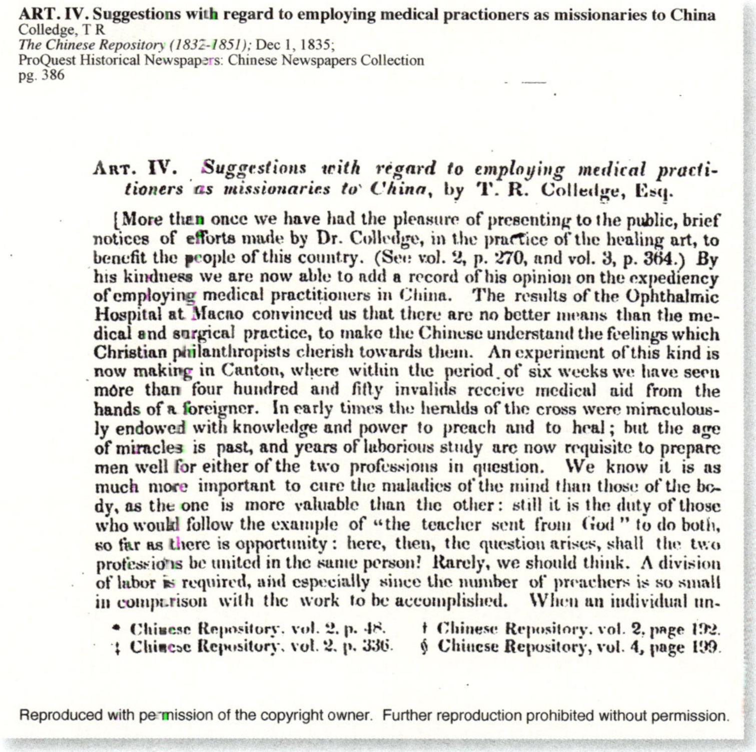

ART. IV. Suggestions with regard to employing medical practioners as missionaries to China
Colledge, T R
The Chinese Repository (1832-1851); Dec 1, 1835;
ProQuest Historical Newspapers: Chinese Newspapers Collection
pg. 386

ART. IV. *Suggestions with regard to employing medical practitioners as missionaries to China*, by T. R. Colledge, Esq.

[More than once we have had the pleasure of presenting to the public, brief notices of efforts made by Dr. Colledge, in the practice of the healing art, to benefit the people of this country. (See vol. 2, p. 270, and vol. 3, p. 364.) By his kindness we are now able to add a record of his opinion on the expediency of employing medical practitioners in China. The results of the Ophthalmic Hospital at Macao convinced us that there are no better means than the medical and surgical practice, to make the Chinese understand the feelings which Christian philanthropists cherish towards them. An experiment of this kind is now making in Canton, where within the period of six weeks we have seen more than four hundred and fifty invalids receive medical aid from the hands of a foreigner. In early times the heralds of the cross were miraculously endowed with knowledge and power to preach and to heal; but the age of miracles is past, and years of laborious study are now requisite to prepare men well for either of the two professions in question. We know it is as much more important to cure the maladies of the mind than those of the body, as the one is more valuable than the other: still it is the duty of those who would follow the example of "the teacher sent from God" to do both, so far as there is opportunity: here, then, the question arises, shall the two professions be united in the same person! Rarely, we should think. A division of labor is required, and especially since the number of preachers is so small in comparison with the work to be accomplished. When an individual un-

* Chinese Repository, vol. 2, p. 48.   † Chinese Repository, vol. 2, page 192.
‡ Chinese Repository, vol. 2, p. 336.   § Chinese Repository, vol. 4, page 199.

图 42 《任用医生来华担任传教士商榷书》

这原本是郭雷枢写给律劳卑的一封信，建议英国政府派遣医生来华担当传教士，以改善英国商人在华的不良形象。

1835 年 12 月，该信在《中国丛报》公开刊发，宣告在华传教士正式启动"医学传教"事业，而郭雷枢本人因此被冠上"医学传教创始人"的称号。

基督教真理的伟大和崇高"。他建议西方传教团体派掌握中文语言、有行医资格的人员来华,"展示慈善和人道",公开建议西方世界派医生来开拓基督教在华事业。《任用医生来华担任传教士商榷书》一文的公开发表,正式拉开西方人在华"医学传教"的序幕。[22]

郭雷枢的想法引起裨治文等传教士的共鸣。1836年10月,郭雷枢、伯驾和裨治文联合发起成立"在华医务传道会"(The Medical Missionary Society in China)的倡议。[23]1838年2月21日,"在华医务传道会"在广州正式成立,郭雷枢当选第一任主席。[24]郭雷枢出资在澳门买下一幢建筑,澳门眼科医院再次开张,这次,医院属于传道会。

值得注意的是,郭雷枢个人身份的转变——由医学慈善家转向医学传教的发起者,这涉及几个关键性层面的变化:

第一,由个人的善行彰显基督精神,扩展为群体和集团的公共事业,并将传教团裹挟进这个项目,由各传教差会承担起"医学传教"的责任。郭雷枢十分欣赏伯驾所扮演的身兼医生与传教士两职的角色,但他并不满意伯驾单打独斗的局面,将其比作是"鹤立鸡群"(Rara avis in terris)。[25]

第二，先进的医学技术与基督徒的善人形象相结合，有益于彰显西方文明的优越性，扭转西方人的野蛮形象，反衬中国医学的愚昧、迷信和对科学的无知。[26]

第三，由个人专科型医学慈善发展为有系统的科学知识传播与医学教育。"在华医务传道会"绘制了一幅宏伟蓝图，要在中国创建医院、图书馆、博物馆和学校，并计划送学生去西方学习，决心让欧洲的哲学和科学原理在中国大地发扬光大。[27]

第四，医学传教的系统化和规模化，"全方面扩大了中西方政治、经济和文化交往之路"[28]。

东印度公司船医郭雷枢在华的身份是世俗的，没有任何神职身份，但他是最早意识到医学慈善对于基督教在华推广的价值。在医学慈善向医学传教转型的过程中，他是一位真正的行动者和鼓吹者。1838年郭雷枢回国，多次呼吁"英美两国的传教团和宗教团体都要考虑医学传教之事"[29]。之后，英美新教各教派被吸引进这一项目，并在英美等国建立海外代理机构和后援会，"传道会"成为一个庞大的跨国组织。1840年，已出任英国驻华公使翻译的李太郭（G. Tradescant Lay, 1800—1845），在伦敦宣读《中国和东方医学慈善会倡议书》（*Prospectus of the Medical Philanthropic Society for China and the East*）时，称郭雷枢第一个在中国开办了欧洲医学科学和外科技术的医院。[30]林则徐《澳门新闻纸》和魏源《海国图志》都提到过郭雷枢和他的澳门眼科医院的善举。

1838年，郭雷枢离开澳门回国，据记载当时居住在澳门的西人都去码头送别，在河滩边上挤满了华人。回到英国的郭雷枢再次到医学院研修，在获得相关的医生资格证书后，在英格兰温泉小镇切尔滕汉姆（Cheltenham）开业行医。其间，1839年郭雷枢获得阿伯丁国王学院（King's College, Aberdeen）医学硕士学位，1840年成为爱丁堡皇家内科医生学院会员（Fellow of the Royal College of Physicians, Edinburgh），1844年成为爱丁堡皇家学会会员（Fellow of the Royal Society of Edinburgh），1853年成为英国皇家外科医生学院会员（Fellow of the Royal College of Surgeons, England）。《柳叶刀》在报道他获得此项荣誉时提到：

> 郭雷枢医生是第一位向中国人提供医疗援助的欧洲人，他创办的医院让中国人免费接受医疗。……最近，在他的努力下，医学慈善学会在中国办了两所医院，一所在广州，另一所在澳门。[31]

1879年，郭雷枢在切尔滕汉姆镇去世，终年82岁。

"在华医务传道会"为纪念他对医学传教的贡献，决定在博济医院设立"哥利支堂"（Colledge Ward），又名"仁济堂"，1888年题有中英文的"哥利支堂"的牌子挂到了博济医院的墙上。同年，中国博医会会刊《博医会报》发表纪念郭雷枢的文章，将其标识为"医学传教创始人"（The Originator of Medical Mission）。[32] 1932年《中国医史》的作者认为，郭雷枢是"医学传教的开拓者"，他开设的澳门眼科医院"实为在华医务传道之前驱"[33]。

三、医学传教的宣传画：关乔昌的华人肿瘤图

郭雷枢回国后，"在华医务传道会"的活动主要由伯驾负责。关于该协会的历史与对华影响，海内外学者都有专门的研究。[34] 这里就此团体成立的初衷，以及"医学"与"传教"之关系再略作补充分析。

"在华医务传道会"最初的组织结构中仅有三名传教士，即副会长美国公理会传教士裨治文、医学传教士伯驾和大英圣经公会（British and Foreign Bible Society）传教士李太郭。李太郭本人还是一位博物学家，1840年成为英国驻华公使。[35] 会长郭雷枢、秘书安德森均为前广州商馆医生，副会长渣甸是商人兼医生，他一边经商，同时一直在

图 43　哥利支堂

　　1879 年 10 月 28 日，郭雷枢在英国家乡切尔滕汉姆镇去世，终年 82 岁。英国《泰晤士报》、《医学时报》（*Medical Times and Gazette*）和上海《北华捷报》都刊载了讣告，《博医会报》发表纪念文章。"在华医务传道会"为纪念郭雷枢在"医学传教"方面的开拓性贡献，在广州博济医院设立"哥利支堂"。

　　此照片选自 1935 出版的《广州博济医院创立百周年纪念》一书。

伯驾医院协助外科手术。其余成员均为商人：通讯秘书金（C. W. King）是美国同孚洋行商人，该洋行是十三洋行中唯一一家拒绝从事鸦片贸易的商号；[36]审计员格林（John C. Green, 1800—1875）是美国旗昌洋行商人，从事茶叶贸易；阿切尔（Joseph Archer）是美国费城人，在广州做生意；后又增补东印度公司书记英格利斯（R. H. Inglis）为副会长。该会还设终身董事6人和终身会员42人。终身董事中还有一位著名的英商宝顺洋行老板、鸦片走私贩子颠地（Lancelot Dent, 1799—1853），他是传道会重要的捐款人[37]，终身会员中的唯一华人就是郭雷枢和伯驾医学事业的主要赞助商伍浩官。而这群人几乎都参与了"律劳卑事件"，郭雷枢和安德森是律劳卑的医生，裨治文在《中国丛报》上大肆为"律劳卑"翻案，渣甸提供了中英会谈的场所。

显然，这个以"医学传教"命名的团体，以医生、商人和外交官居多，这群人都深深地卷入了鸦片战争前夕中英紧张的关系网络中。从发起人的身份、组织结构、功能和规划蓝图考察，这个社团的核心任务是在战争即将爆发前，协调商业利益、英中外交关系和中西文化冲突。"在华医务传道会"能在中国诞生，首先是在华的医生们和商人主动选择传教团这样的组织机构，为其传播基督教思想提供了新路径和新方法，而不是传教团出于传教动机选择医生，担当传教的中介人。

鸦片战争后，李太郭和伯驾去英美推广"在华医务传道会"，寻求医务人员、技术和经费的支援，在世界各地巡回宣传演讲中，"中国人的肿瘤"是他们最喜爱使用的例子。1840年李太郭在《柳叶刀》上发表《中国人的疾病：肿瘤》，认为中国的南方人多发性肿瘤与华人的饮食和气候有关。

> 在中国南方，各种类型、状况和大小的肿瘤比比皆是，有包囊状、脂肪瘤，更常见的是肉瘤，这些肿瘤长时期一直处在健康的结构状态，以至于它们似乎是身体的天然附属物。当肿瘤的物理空间扩展到极致，组织肌理开始坍塌，（内部）堆沉了不健康的物质，健康状况开始受影响。[38]

文中列举多例伯驾在中国切除肿瘤的案例，以此歌颂西方外科医生救赎中国人的高尚行为。李太郭在文中特别提到了在伯驾医院的墙上悬挂着一组肿瘤患者手术前后的肖像，这组画像是华人油画家关乔昌（Lam Qua, 1801—1860）绘制的。关乔昌，广东南海人，又称林官，西人称之为"琳呱"。[39] 关乔昌是伯驾眼科医院的专职画家，在1835年至1855年20年间绘制了88位病人画像。[39]这组画像堪称肿瘤患者群像图，那些巨大的肿瘤遍布病者身体的各个部位，头、手臂、胸、背、臀和生殖器，等等。外科医生雇佣画家绘制病人画像，记录病人手术前后的变化，本是西方外科医生治疗中常见的方式，发表在《柳叶刀》和其他欧洲医学杂志的手术论文都有配图，正因如此，我们才有可能看到何鲁的真面目。

当这些图像被公开悬挂在医院时，它们是伯驾医院的广告宣传品，向华人展示手术切除前后的效果，证明外国医生的技术，以此赢得中国人的信任。1841年，伯驾在伦敦盖伊医院展示了这组病人像[40]，为"在华医务传道会"作募捐演讲，这些病态中国人的图像和术后的健康形象，就成为他宣传"医学传教"的重要武器。他以图为例讲述了自己医院治愈中国病人的经过和中国人的感恩之情，图示了中国人的病态身体、落后的医疗技术和中国医生的无能，形象地论证了在华开展"医学传教"的必要性和紧迫性。李太郭在论文中更是特意强调了伯驾的慈善行为对关乔昌的影响，关乔昌说既然"医生免费切瘤"，那他就免费为其绘制病人画像。

这组没有任何美感的疾病图像成为医学传教的宣传

图 44　关乔昌自画像

　　关乔昌，又称林官，广州眼科医院专职画家。受伯驾的影响，关乔昌说既然"医生免费切除肿瘤，那我就免费作画"。

　　他一生为伯驾绘制上百幅画，以肿瘤图为多，伯驾带着他的画作周游欧美诸国，宣传医学传教。

图 45　关乔昌绘，伯驾病例第 446 号

　　这是伯驾在眼科医局施行肿瘤切除手术的第一位病人。1836 年 1 月 19 日，伯驾为这个名为阿桂的患者切除了脸上一个重达 1.25 磅的肉瘤。手术前伯驾给她服用鸦片和酒，手术时蒙上了她的眼睛，手术 8 分钟，失血 10—12 盎司，18 天痊愈出院。

　　从绘画风格看，关乔昌有可能借鉴了《柳叶刀》何鲁像的模式，二者都是面对观众站立着。而这幅画与艾伦创作的何鲁像风格更为接近，这可以是图像医学进一步研究的话题。

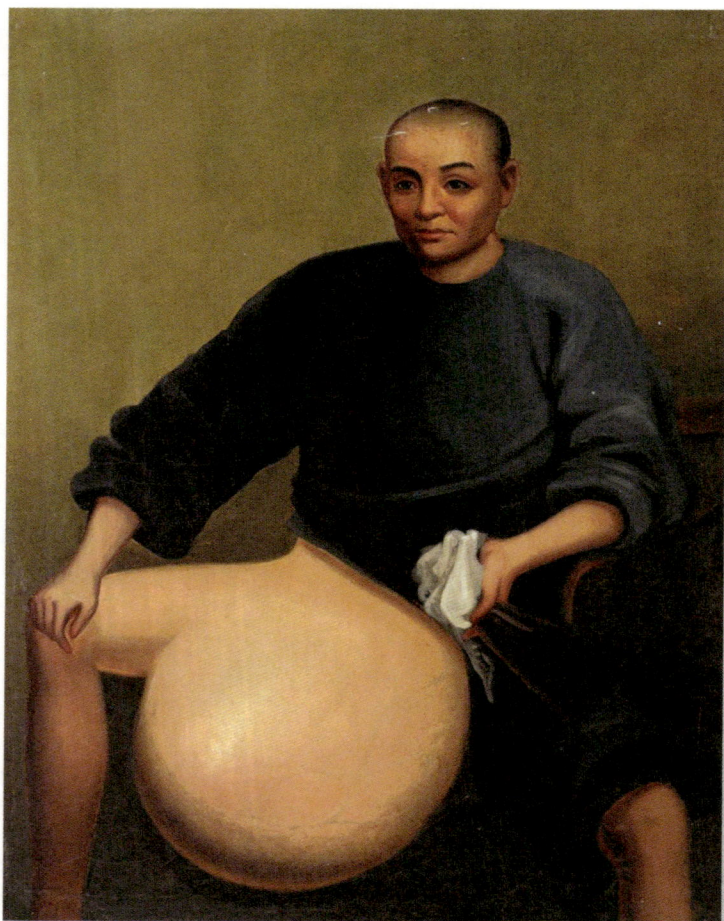

图 46　关乔昌绘，伯驾病例第 5331 号

　　32 岁病人阿贵患脂肪瘤，肿瘤位置与何鲁相近，年龄与何鲁相同。

　　1838 年 6 月 13 日，在伯驾眼科医院，在考克斯和渣甸两人的协助下，伯驾切除此瘤，全程 45 秒，肿瘤重达 10 磅，6 月 17 日病人愈合出院。画面中的肿瘤似乎与何鲁的肿瘤一般大小，实际重量相差四五倍。

画，医学传教士自我表彰的功德图，其强烈的视觉冲击和生动形象的故事赢得盖伊医院医生的共鸣。在伯驾与英国医学界交流在华医学传教项目，寻求学术支持时，主动作出回应的就是何鲁的主刀医生凯教授。伯驾在报告中说：

> 现在我要谈一个极为重要的问题，这个问题受到英美两国从事这一事业的朋友们的热烈欢迎，那就是对有才华和有前途的中国青年进行治疗艺术的教育。在伦敦的时候，皇家外科学会成员凯先生将这个问题提了出来，引起了这个光荣而富有的机构的注意，这也正是他的建议。……皇家外科学院同意接受 6 名中国学生学习外科学手术，他们到伦敦后，会受到伦敦慈善人士的资助，由英方负责他们的食宿。[41]

在伦敦期间，伯驾还在盖伊医院追随凯医生学习如何做结石手术[42]，并将此技术带回广州，在医院施行了第一例结石切除术。此外，凯个人与中国之间还延续出另一层特殊关系，他的儿子、曾任英国海军上将阿什利·库珀·凯（Sir Astley Cooper Key, 1821—1888）于 1857 年 12 月随英国海军在广州上岸，参加了第二次鸦片战争广州战役。

四、何鲁图像的再创作和故事新编

关乔昌为伯驾绘制的这组画像曾于 1835 年和 1845 年
两次在英国皇家学会展出。[43] 1841 年，伯驾在巡回演讲
之后将其中 23 幅画留给了盖伊医院。[44] 目前，关乔昌
的画作有 86 幅收藏在美国耶鲁大学医学院图书馆，还有
1 幅存在波士顿哈佛大学医学院康特威图书馆（Countway
Library）。[45] 在英国共计有 48 幅，其中伯驾赠送的 23 幅
收藏在伦敦大学国王学院戈登病理学博物馆，每幅图下有
编号 1—23，其中 22 幅有病例编号，1 幅未知。维康医学
博物馆（Wellcome Collection）购买收藏了 21 幅，利物浦
世界博物馆（World Museum Liverpool）有 1 幅人物画像，
布莱顿霍夫博物馆（Brighton & Hove Museums）有 2 幅人
物画。[46] 国内外医学史和艺术史的学者对这组图像都有
专门研究，美国学者韩瑞（Ari Larissa Heinrich）称之为
"病态的身体"，认为这些画建构了一种天生病态的中国
文化身份。[47]

戈登病理学博物馆里，关乔昌画作系列的编号上还有
第 24 号画作，即本书要讨论的何鲁第三幅画。

该图标识：林官（关乔昌）风格的现代绘画（A

20 世纪晚期，编号：GM/Painting/LQ024，作者 M. F. Allen
（艾伦），个人信息不详，时间，1982 年，图像尺寸：55
厘米 × 45 厘米。[48]

　　对比这幅何鲁像与伯驾病人的系列图像，可清晰地辨
认出，两者风格相似，不同的是，这不是一幅原创作品，
而是一幅加工画作。在《柳叶刀》手术报告中的那幅医生
绘制的铅笔画基础上，艾伦重新创作了一幅画像：他替何
鲁绘上油彩，给画面添加了蓝天白云、山川河流、岩石树
木的背景，使之成为一幅画作，而不是患者死亡的医学图
像。置身于大自然中的何鲁变得鲜活真实，他是一位有生
命、有活力的中国人。作品中何鲁的脸部比《柳叶刀》医
学画像要显得柔和而丰满。从比例上考察，医生笔下的何
鲁是一位差不多要被肿瘤压垮而略有变形的病人形态，油
画人像则修长而挺拔，人物形象没有压抑感，正如当年
医生所记录的，除了一个巨瘤，何鲁完全是一个健康的
人——这是一幅符合正常审美的油画作品。

　　1981 年 10 月 31 日，在何鲁手术 150 年之后，盖伊医
院至少做了两件事——重塑何鲁的形象，重编何鲁手术的
故事，以此纪念医院的伟大成果。

　　一、邀请英国皇家全科医师学院会员、剑桥医生布鲁

克（Brook）作了题为"何鲁之大手术"的演讲，全面梳理了何鲁手术的前因后果。布鲁克成功地将这起失败的手术改编成盖伊医院对 19 世纪外科学进步的贡献，纪念活动成为向郭雷枢慈善行为致敬的表彰大会。

二、请画家艾伦重新绘制何鲁画像。1982 年这幅新画作为盖伊医院和圣·托马斯医院慈善成果出现在公众面前，名医失败的医疗事件、何鲁对抗疼痛的坚韧毅力已被医院高尚的慈善叙事所替代，成为西方对华进行医学传教的注脚。[49]

1985 年，盖伊医院举办广州眼科医院（即伯驾眼科医院）150 周年纪念会。布鲁克医生作了题为"中国之古玩：19 世纪东西方滴定的事例"的演讲，他借助李约瑟的"文明滴定法"原则分析何鲁事件，将何鲁的畸形身材描述为西人眼中的中国古玩，并将其西去求医的艰辛历程称作"外科之旅"，以此展示 19 世纪中国医疗技术的落后状态，阐述西方医学传教士在华传播科学知识的努力和成功，强化医学传教在其中所起的决定因素。他认为西方的科学艺术好似化学滴定反应在向中国渗透，逐步改造古董般的中国知识体系。[50]

目前的史料显示，最晚在 1901 年，盖伊医院病理学博物馆里就悬挂着一幅何鲁的肖像画。[51] 在与戈登病理

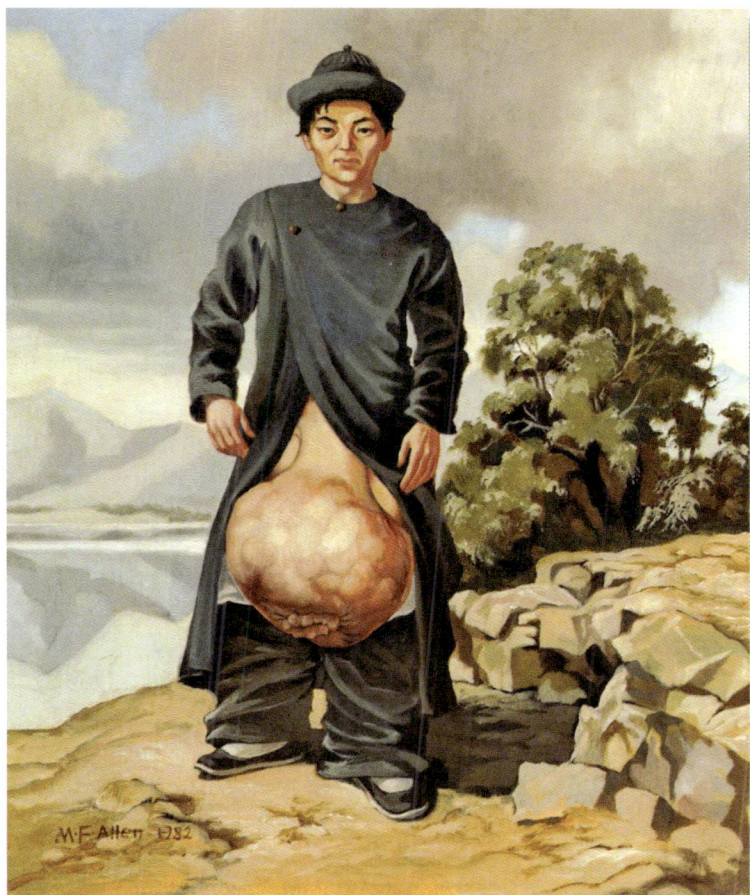

图 47　艾伦绘，何鲁像（1982 年）

这是何鲁留存在世上的第三幅图像。

盖伊医院并没有忘却何鲁，1982 年在何鲁手术 150 年之际，医院举行纪念活动，请画家艾伦参考林官的绘画风格，在《柳叶刀》刊发的原始画基础上重新创作。

艾伦给画面添加了蓝天白云、山川河流、岩石树木的背景，使之成为一幅画作，而不是患者死亡的医学图像。

置身于大自然中的何鲁变得鲜活真实，他是一位有生命、有活力的中国人。

在盖伊医院纪念活动中，何鲁对抗疼痛的坚韧毅力已被医院高尚的慈善叙事所替代，成为西方对华进行医学传教的注脚。

该画收藏于戈登病理学博物馆和盖伊与圣·托马斯医院慈善机构（Gordon Museum of Pathology and Guy's and St Thomas' Charity）。

博物馆收藏部副主任爱德华先生（William Edwards）邮件沟通后了解到，医院并没有第二幅何鲁的肖像，那么，在1982 年前，盖伊医院一直将当年发表在《柳叶刀》上那幅何鲁铅笔画像挂在博物馆，以示纪念医院历史上的"开创性外科手术"（ground-breaking surgery），直到艾伦画作完成后，才取而代之。爱德华先生在邮件中强调，使用艾伦作品时必须要注明该画属于"戈登病理学博物馆和盖伊与圣·托马斯医院慈善机构"（Gordon Museum of Pathology and Guy's and St. Thomas' Charity）[52]。

"医学传教"便是何鲁的第三张面孔。这幅在 20 世纪80 年代创作的新作品讲述了一个新编的故事，何鲁正式进入医学传教叙事框架中，代表西方科学的胜利。

余论

何鲁的遗产

何鲁是一个穷人，没有任何物质性的遗产留给世人。本质上，他是东印度公司和盖伊医院的一件慈善作品。然而，他的疾病和肿瘤模型推进了19世纪西方外科技术和教学的进步；何鲁畸形的身体、顺从而坚忍的人格品性，通过媒体和公开手术赤裸裸地暴露在英国公众面前，在掀起对东方民族好奇心的同时，增强了欧洲人拥有健康体魄的自信心和英国人掌握先进科学技术的优越感。何鲁事件发生在鸦片战争前，它对英国民众所产生的巨大影响，与战后英国社会对中国的认知截然不同。何鲁在伦敦的悲惨经历以及他的肿瘤形象被媒体政客任意操纵利用，都为后来的研究者考察1840年前欧洲视野中的中国形象提供了丰富的素材，这就是他留给世人的历史文化遗产。

一、何鲁的死亡原因

何鲁临死前握紧拳头的痛苦瞬间被凯医生记录在《柳叶刀》的插图中，也在他的职业生涯中留下了无法抹去的痕迹，他认为"何鲁在手术过程中所表现出来的勇气，虽不是先例，但在外科史上也从未被超越"[1]。但凯的医学报告中并没有指明何鲁手术死亡的原因。19世纪30年代前后，麻醉术尚未应用于临床，虽然外科技术水平和手术质量都差强人意，但病人在手术台上死亡，对医院而言还是一件非常严重的医疗事件。医学界的质疑声和社会舆论的批评从未完全消弭，医学家也未曾放弃寻求何鲁手术失败的真相。

19世纪的欧洲医学界是如何界定手术死亡的原因的？法国著名外科医生迪皮特朗（G. Dupuytren, 1777—1835）曾列出导致死亡的7种因素：① 大量出血。② 持续时间过长的疼痛耗尽并破坏神经系统。③ 极度软弱引起的强烈情绪（痛不欲生）。④ 对生命至关重要的器官受到损伤。⑤ 存在某种间歇性的神经症状、哮喘，以及……。⑥ 一个重要的内脏器官出现了疾病，一直未被发现，体力逐渐衰竭。⑦ 最后，空气引入静脉（空气栓塞）。[2] 按此原则，现场观看何鲁手术的媒体和未在场的医生推测何鲁死因可能有三种：① 失血过多。② 超长时间手术导致病人疲劳和疼痛破坏了神经系统。③ 解剖教室内挤满了过多的观摹学生而致空气不畅通。当时有医生在阅读了凯医生的手术报告后，致信《泰晤士报》提出疑议，认为上述三种说法都不足以使何鲁毙命。

我们得知那是一次手术，只需要对皮肤和其他不重要的东西进行稍微广泛的切划，没有大动脉血管分割，这不会危及个人的生命。从肿瘤的性质和位置来看，不可能伤及很多神经，使之成为一个痛苦的手术。然而，只流了 16 到 20 盎司的血，这个可怜的家伙就死在了手术台上，那么，原因是什么呢？在我看来，无论是对他身体系统的冲击，拥挤的剧场，稀薄的空气，还是失血，都不足以解释这一点。

这个医生认为何鲁死于那个与他身体血脉相连、与生命不可分割的巨大肿瘤，一次性的手术切除造成回流心脏的血液严重不足，导致全身系统崩溃而亡。[3]

究竟是哪种因素对何鲁造成了致命的伤害？欧洲医学

界众说纷纭。正如法国外科学家德尔佩奇所设问的：库珀治疗何鲁绝症的手术是一种新方法，这种手术与其他方法截然不同。它必须被采纳吗？它该如何执行？

科学家们关于何鲁的手术争论，由是否该做手术到如何进行手术等多方面展开广泛的讨论，争执持续到同年 7 月。何鲁的案例吸引并刺激着欧洲各国外科医生对手术切除巨瘤的探索热情。1838 年《柳叶刀》刊出一篇来自印度加尔各答医生的论文，题目为《切除一个巨瘤的致命手术》，作者在引文中提到此病例与何鲁手术有几点相似之处，肿瘤重达 56 磅，生长位置与何鲁一样，手术仅用了 14 分钟，病人失血 30—40 盎司，最终死在手术台上。医生表示在考虑了所有情况之后，依然赞同应该对患巨瘤的病人进行手术。[4] 1846 年，还有医生认为凯的手术时间过长，导致病人衰竭而亡，爱丁堡李斯顿医生的成功就在于速战速决。[5]

但是，所有的批评与指责对凯医生的名声没有产生丝毫的负面影响，相反，盖伊医院认为他做了一场成功的手术。为中国人何鲁做手术的事迹，使凯在英国乃至欧洲医学界名声大噪。[6] 他的手术成为该领域的专业标杆，一旦学界讨论睾丸解剖与治疗时，一定会提到凯医生做过这个非常著名的手术。[7] 1845 年，德国医生所著之《系统外科学》论及象皮病时，称凯医生为何鲁切除的肿瘤之巨无与伦比，并记录了当时医学界所关注的一些手术技术问题。[8] 1856 年《睾丸疾病治疗术》一书中的《阴囊象皮病》一节专门论及何鲁事件。[9] 1857 年出版的《著名外科手术集粹》中引用了铁梯勒发表在《柳叶刀》上的那篇论文。[10] 1858 年《盖伊医院演讲录》之《阴茎和阴囊》一文中提到何鲁事件。[11] 1975 年在一份研究 19 世纪早期外科手术死亡论文中，引用最多的便是在《柳叶刀》上的那一系列与何鲁相关的文章。[12]

1901 年，盖伊医院一位校友回忆自己在医学院的求学生涯时，提到自己参与了凯医生那场著名的手术，并引以为傲。[13]

二、英勇疗法：柳叶刀下的祭品

19 世纪中后期，麻醉、输血和消毒术三大技术难题逐一在临床上被外科突破，尤其是"麻醉的出现对外科手术发展产生了深远的影响"[14]。至此，外科手术已不再是致命而残忍的技术，很快成为医院对付疾病的利器、先进科学的表征和展示西方科学文明的伟大技术成果，减轻了病人在手术台上的苦难历程，外科学和外科医生地位急剧提升。20世纪初期，当盖伊医院重提何鲁病案时，英国医学界才醒悟到无麻醉手术下的病人是何等的恐惧和疼痛。

> 这个故事在多方面都很有趣，在那个堕落的年代里，这么可怕的手术竟然不用麻醉剂就能进行，这让我们感到敬畏。这一记录使我们充满感激地意识到，我们有幸生活在一个有麻醉术、可免除疼痛的时代多好呀，我们欣喜自己能享受到科学技术进步所带来的方便。[15]

医学英语中有一个单词为"英勇疗法"（Heroic measure），该词特指18—19世纪期间盛行的外科医学方法，英勇疗法是一种极有可能对病人的健康造成进一步损害的疗法，但这是在已认识到任何较弱的治疗必定会导致失败的情况下可采取的最后治疗手段。2013年，澳大利亚的一项研究发现，外科医生倾向于采用一种"英雄（勇）主义"模式，专注于"解决"问题，并在他们自己和病人之间建立情感距离。[16]

就何鲁事件而言，"英勇"就是一个双关语，一方面指何鲁（Heroic Hoo Loo）在手术台表现出的英勇气概，另一方面指库珀医生和凯医生在手术中冒险采取的"英勇疗法"这一手段。直到 20 世纪,何鲁的死因才被正式确定:失血过多,超长时间手术导致病人疲劳及疼痛破坏了神经系统。[17]

简而言之,何鲁是活活痛死的。

何鲁的痛苦,一定程度上刺激并震撼了与他有关联的医生。1846 年乙醚麻醉术刚进入临床使用,凯医生就成为英国第一批使用麻醉术进行结石手术的外科医生。他在《盖伊医院报告》上发表多篇论文,其中有一些涉及碎石术。1836 年 1 月 19 日,伯驾在中国施行第一例外科手术时,麻醉术还未发明,他采取让病人服用鸦片和饮酒的方式,待病人进入昏迷状态后再进行手术,以减轻病人的痛苦。[18]显然,伯驾不敢冒险进行"英勇疗法"。1847 年 7 月,伯驾在广州施行了中国第一例乙醚麻醉外科手术。[19]此时距麻醉术在西方世界使用仅一年多的时间。值得一提的是,伯驾在中国进行的所有肿瘤手术中,没有一例肿瘤的重量超过何鲁,而为伯驾作画的关乔昌,其作品中的巨瘤却呈现出与何鲁的肿瘤一样大小,甚至有体积超过他的肿瘤,这样的比例严重失实。

近年来,西方外科学史的研究,从注重技术进步的内史论述转向关注 19 世纪麻醉术发明前外科医生和病人在手术中的反应和术后感受的微观史研究，以具体个案为研究对象，记录"手术中医生表现出的恐惧、焦虑、怜悯和同情，……患者表达的他们对手术前景的感受或对手术结果的反思"[20]。在此类外科学史的叙事中，"不幸的何鲁"便是一个无法回避的话题，史学家的研究基调则限定在"疼痛"和"恐怖"等与情感元素相关的主题。2003年出版的《对疼痛的恐惧——英国外科学，1790—1850》一书将何鲁手术称为"关于一个病人在手术过程中试图与人交流的最令人心酸"的故事[21]，这是关于手术过程中病者情感变化的微观史研究。2006年《恶之罪——与疼痛抗争》则以夸张的语汇还原了手术现场何鲁在极端环境下与疼痛的抗争，鲜活地呈现了病人在手术中的恐怖惨状，作者认为："疼痛和克服疼痛的方法深深植根于文明和文化之中。它们也不可避免地成为每个人经历的一部分。"[22]在一本外科学的入门级科普书中，何鲁事件被评为"19世纪早期外科手术残忍且往往徒劳的一个极端例子"，作者着重探讨了"疼痛"与恐惧的关系。[23]2019年，意大利的医学史教授将何鲁手术收入教学讲稿，向未来的外科医生讲解麻醉术发明前外科手术的残忍，以此论证科学进步对人类社会的贡献和对生命的意义，该教授的PPT课件中就使用了挂在盖伊医院的何鲁像（即第三幅何鲁像）。[24]

　　2007 年，美国医学人类学家琳达·巴恩斯在其《金针、本草、神和鬼——及至 1848 年的中国治疗术与西方》一书中提及何鲁事件，当她读到当年媒体报道何鲁在手术台上呼叫时表示："中国坚忍的形象消失了，取而代之的是无法忍受的痛苦。"然而，她又极具疑惑地问道：

　　　　多年以后，我们不禁要问：传教士的中国病
　　人是如何默默承受手术的？[25]

　　何鲁"致命手术"所引发的一系列争论，真切地反映了 19 世纪英国外科技术进步和外科学知识生产的生态环境。1831 年 4 月 9 日躺在盖伊医院大型解剖学剧场手术台上，供数百人观看的何鲁，就是一尊献给现代科技进步的代表物——柳叶刀——的祭品。

三、阴囊象皮病和东方主义

　　何鲁以生命为代价留给世人的遗产不只是他的那三幅画像，他还是近代外科技术进步的注脚。不幸的何鲁是当时轰动的社会新闻，满足了欧洲人对异国情调的各种想象，混杂了东方人的怪病、神秘主义、中国落后的医学技术、中国人迷信和中国人天生冷漠、有忍痛的天性等多重话语。由这个角度看到的何鲁，就是时代怪胎或病态的中国人。

18 世纪末 19 世纪初，欧洲医生已经认识到阴囊象皮病是热带性的疾病，此类疾病很少在温带地区出现。1790 年代，法国海军军医拉瑞（Baron D. Lrrey, 1766—1842）在埃及驻军期间遇到多例阴囊象皮病病人。[26] 据来自殖民海外的军医报告，欧洲医学界认为阴囊象皮病在东印度、中国、锡兰、埃及和南美是常见病。[27] 这或许是库珀爵士和凯医生对何鲁感兴趣的真正原因，尽管他们在英国处理过大型肉瘤，但他们只有在远征军寄回的信件或撰写的论文与书中了解到东方病人的形态，而何鲁的到来，可以让英国医生真正见识到热带性的疾病，并亲手触摸到东方人的病体。而中国人迷信、医术落后的观点，又通过媒体的大肆渲染输送至英国百姓心目中。

1858 年，《盖伊医院演讲录》之《阴茎和阴囊》一文中提到何鲁事件，认为："这种肿瘤的发病率在本（英）国稍微高一些，但是你可以从中国病人图片中看到，这些肿瘤在东方长得有多么大，部分原因是肿瘤还处在很小状态时，没有外科技术来切除它们。其中最引人注目的是摆放在模型室的那件物品，就是被凯医生从何鲁身上切除的，重达几十磅的肿瘤。"[28]

这样的观点，同样出现在在华工作的西医生的论文中。1910年，一部以教会医院报告和疾病调查为基础史料编辑而成的巨著《华人病证篇》在上海发行。尽管两位编者是在华行医数十年的医学传教士，他们对中国社会和病人充满了同情和人文关怀，在西医传入中国的过程中起着重要作用，但是在讨论中国肿瘤时，他们的态度与西方医学界并无二致，甚至有过之而无不及。

肿瘤是中国的一种特产。自第一位医生向世人报告中国医学情况以来，整个医学界对这一课题都抱有浓厚的兴趣，科学家对此极为兴奋。原因很简单，虽然肿瘤在中国人中并不比在其他种族中更常见，但中国人口众多，总量就显得很大。但另一个特别有趣的事实是，作为一个种族，中国人连最简单的消除仍在增长的普通肿瘤的能力都没有，也不会为肿瘤迅速增大而困扰。事实上，敏感的种族就对肿瘤增长之类问题有排斥能力。对中国人来说，肿瘤变大是痛苦的或不方便的，但很少会毁容。特别幸运的是，在我们自己的临床医疗中，我们遇到了各种各样的肿瘤。只有少数外科医生有机会处理此类疾病，自然会对此产生极大兴趣。[29]

当初，英国记者掘地三尺调查何鲁，既制造了不少热点新闻，也为后来的历史学研究提供了丰富的史料。何鲁的畸形身材、离奇故事和中国人的标签，必然成为当代西方史学家研究 19 世纪欧洲视野中东方形象、西方对东方输出科学技术和医学传教的绝佳素材。随着"帝国医学"史观在医学史研究中广泛运用，何鲁的故事越来越多地受到研究者的青睐。20 世纪 80 年代，何鲁手术事件再次被提起。1981 年 10 月 31 日，盖伊医院举办"盖伊医院施行何鲁手术 150 周年纪念会"，布鲁克医生作了"何鲁之大手术"的演讲[30]，该文未有公开发表，不清楚作者的具体内容与观点。1985 年，布鲁克在戈登病理学博物馆庆祝广州眼科医院（此为伯驾的眼科医院）150 周年的会上，再次详细回顾了何鲁由广州启程到伦敦手术的经过，他将何鲁的伦敦之行与东印度公司船医运回欧洲的"中国古玩"相提并论。[31]2011 年，戈登病理学博物馆策展人爱德华馆长在"中国肿瘤"演讲中，又向观众介绍了何鲁的油画和他的故事。[32]

　　显然，盖伊医院从未忘记过何鲁。

　　直接将何鲁与 19 世纪华人形象进行史学分析的是一位美国医学史学者。2005 年美国医学史学年会上，拉赫曼（Stephen Rachman）作了"孤独之死的何鲁：1830 年代的外科术与中国身份"（*The Lonesome Death of Hoo Loo: Surgery and Chinese Identity in the 1830's*）的发言，该演讲只有标题未见全文，作者在重新审视那场手术事件时，是如何阐释何鲁的中国身份，仍需要进一步的考察。[33]

四、时代怪胎：视觉肿瘤

　　在某些医学史家眼中，何鲁事件又演绎成了历史上的逸闻趣事。1956 年出版的《医学的异常现象和奇趣》一书中提到库珀切除了一个中国人 56 磅的肿瘤，是 19 世纪英国社会中一件令人瞩目的趣事。[34]一部名为《医学史上的其他奇闻异事》一书特辟专节介绍"悲惨的何鲁"，重现当时大众热衷于在解剖室内观赏医生用手术刀切割身体并以之为娱乐的社会日常。[35]而这些娱乐大众的科普故事居然由《柳叶刀》上那篇严肃专业的医学报告改写而成。2007 年《纽约时报》的书评竟然将何鲁的阴囊巨瘤与 19 世纪英国烟囱清洁工的阴囊癌联系起来，解释前近代的外科黑技术[36]，如此匪夷所思的联想，令人咋舌。

2008 年，《维多利亚时代的奇观——英国社会背景下的怪胎》一书出版，何鲁被贴上了"英国帝国医学下的怪胎"的新标签后，正式进入"帝国医学"的叙事视野。作者肯尼迪（Meegan Kennedy）围绕着"情感医学""禁欲主义""种族"等关键词回溯了事件的全过程[37]，挪揄《柳叶刀》用充满情感的术语来修饰何鲁的人格和美德，"仿佛是为了让他的形象起死回生"[38]。她认为何鲁在手术过程中表现出的坚忍毅力，与医生叙述者在对事件理解中过于激动和夸张的态度，推翻了英国医学界所追求的医患之间客观高于主观的等级关系。该书聚焦了 19 世纪英国医学中许多重要的话题：一种显著或无法阻止增长的疾病，一个外来种族的病人，一个医疗错误，以及医生正确的客观立场。肯尼迪遵循着帝国医学的叙事模式分析《柳叶刀》上"可怜的何鲁和他的肿瘤"的标题，认为此种表述显示了英国医学专业、杰出医生与英国人对种族、民族主义和帝国野心的信仰之间的张力关系。她借助何鲁医疗事件，试图分析英国社会是如何由"大英帝国疆域畸形的或不可控制的生长"的角度理解"东方"概念的，并通过对伯驾在中国的手术进行比较研究，考察帝国医学的中心与边缘的关系。[39]

2012 年美国华盛顿大学一篇博士论文《巨人、侏儒和骨骼秀：英国乔治亚和维多利亚时代的身份创建和畸形身体的商品化》，认为何鲁在解剖学剧场供人观看手术的案例完美地论证了"畸形身体的展示和医学报告的文本是可能塑造商品化身体和文化价值的"[40]。如果说，肯尼迪的某些观点在笔者看来有些牵强，那么，这篇博士论文基本是将何鲁的身体异化了。2019 年还有一篇博士论文涉及何鲁病例，将何鲁事件放在西医传入中国的背景下讨论，简单梳理了何鲁赴英求医的过程。[41]

近 20 年来，随着图像史和艺术史研究方法对史学研究的渗透，关乔昌的医学图像逐渐受到中西学者的关注。[42]中国肿瘤病人的身体、在疼痛面前表现出的强大意志力和道德人品，都被西方研究者发掘出另一种文化隐喻——视觉肿瘤，他们以为"在临床背景下，患者的肖像与肖像画和疾病的面相学相对应，需要观众基于认知的符号学解读"[43]。学者韩瑞认为这类中国身份的病态化图像基于某些中国特征：对苦痛毫无知觉，本土医学落后，既无法截肢又不能尸检的文化无能，相信死者仍有灵魂，以及无处不在的迷信。[44]这样的评判显现出西方学者对中国传统医学的无知或是有意的曲解。中国古代有着完整的法医制度，《洗冤录》中有着专业尸检的方法。

20世纪的何鲁，已然成为19世纪欧洲社会流行的"中国古玩"（Chinese Curiosi）的一种文化隐喻。史学研究者的旨趣似乎难以脱离何鲁是"时代怪胎"的语境。

五、由中国出发的医学全球化

1830年12月，中国人何鲁登上"阿索尔公爵夫人"号，由孟买启程去往英伦半岛。漂洋过海去寻求新生时，他根本不会意识到展现在他面前的将是一个怎样的世界，他的身体会成为自己国家的形象代表，他的人生故事会构成一个重要的历史事件。1831年，何鲁32岁，推荐何鲁去英国的郭雷枢医生34岁，为何鲁做手术的凯医生38岁，三位三十几岁的青年人共同创造了这段历史。

作为历史事件的何鲁手术，在不同时代经不同的历史学家书写出的故事跨越了空间和时间的自然边界，并在不同专业领域中转换，以不同的主题反复进入读者的眼帘。然而，何鲁，一个连真实名字都未曾留下的中国人，关于他的所有人生故事都是由旁观者叙述与记录的，读者如何辨清哪种语境下的叙事才是最接近真实的？那只有回到历史的原点，重新审视史料的基本信息，追根溯源，既要揭开被传教士遮蔽或隐去的事实真相，亦要避免落入现代叙事所刻意强化的事件中的某个面相。

何鲁离开中国的目的与郭雷枢和东印度公司资助其赴英的初衷是迥异的。前者是为了改善生活；后者想法很复杂，既想通过慈善行为改善西方人在中国人心中的形象，又想借助西方医疗手段证明西医比中医高明，以此获得中国人的尊敬，消除中国人认为洋人是蛮夷的偏见，益于东印度公司在华商业发展。

作为库珀的高足，郭雷枢敏锐地察觉到了何鲁的疾病对提高其母国医学研究的价值。所以，当何鲁从广州出发去欧洲时，所有人都对未来充满了期待。西医有可能成为改善中外关系的润滑剂，给东印度公司的商业贸易创造利润，何鲁则担当了广州商人与清政府广州官员间的和平使者。

然而，何鲁抵达伦敦不久，事情的性质就发生了变化，正如辛普森医生所批评的："慈善精神和智慧已经丧失了，这类事情已不再局限于狭窄的职业圈子，而是冷血的、理性的。"[45]何鲁之前，还没有一个病态的中国人出现在英国公众面前。在伦敦，何鲁的畸形身材满足了英国人的好奇心和对东方人的想象，他被任意地讨论和公开观赏。"每次医生让他暴露肿瘤，他都很不情愿，也显得无奈，暗示此举徒劳。"[46]何鲁以为伦敦是帮他实现"完整的男人"的梦想之城，而伦敦人却将他当作迷信和顺从的东方形象代言人。

辛普森医生担忧"公众舆论的强大力量将在对人类文明产生影响的各种知识领域发挥作用"[47]。的确，社会舆论不仅在当时影响到了凯医生的手术，至今依然主导着史学家的研究旨趣。他们从报刊资料中捕捉"病态中国人"和"西方人的好奇心"等关键词，以嵌入"帝国医学"研究的范式，几乎没有学者去关注何鲁的生命和他的初衷。

有必要指出的是，何鲁事件发生在 1840 年前，即中国与英国的关系尚未发生逆转的前夜。从上述梳理的英国社会舆论和政治家的态度可以看到，何鲁的形象始终是积极正面的，这可以从他留在人间的三幅图像看出来。画家并没有丑化何鲁，他的身材并没有因为巨瘤而完全变形，他坚挺地直立着，双眼镇定地看着这个世界。

何鲁性格和蔼、相信西方医生，他坚忍的毅力赢得医生、护士和社会各界的尊重与同情。他的病态形象不仅代表东方，也被选中为英国政体的代言人，他的肿瘤甚至创造了政治改革的经典术语——社会腐败的"毒瘤"。何鲁在西方社会所呈现的各类形象的建构过程，反映了文化历史的理解是基于双方的心理结构和世界观。若将何鲁西行事件作为近代东西文化交流的一个范例考察，它示范了

"中间人（何鲁）"是如何在两者间创造理解和误解的空间，又如何影响了东西方文化的相互作用和交流。

如果将何鲁英国之行视为中国病人与西方医学展开的第一场真正的对话，那么，何鲁之死宣告了在 19 世纪初期，西医学的绝对优势并不存在。英国医生对此有清醒的认识，"他在一片陌生的土地上寻求他自己国家的科学所不能给予的救济，这是徒劳的"[48]。

但是在中国，情形却是截然相反的。何鲁义无返顾、视死如归的态度启发了在华西医生，他们相信可以将医学当作武器，消除中国人视洋人为蛮夷的偏见，敲开中国的大门。1834 年的"律劳卑事件"是一个极其关键的时刻，学者刘禾在研究"谁是野蛮人"的"夷"之辨时，着重分析了该事件对中英两国主权地位消长的影响。因律劳卑死于"夷目之争"——1834 年 8 月号的英文报纸《中国丛报》故意将夷目（外国人头目）译成"barbarian eye"，激怒了英国人——她认为"谴责中国人对外人的傲慢无礼"是外国商人对抗清政府的手段之一。[49] 1834 年，先是龙思泰塑造了与西方舆论完全不同的何鲁形象，展示宗教慈善的高尚道德和医疗技术先进的西方文明，试图从文化心理上压倒中国，扭转中英间不平等地位，为"医学传教"的理念建构提供了充分的依据。继而在郭雷枢的努力运作下，"在华医务专道会"激励了欧洲医生大举进入中国，为西医在华传播辟出一片空间，吸引了更多西方医生来到中国谋生探险。

"医学传教"不仅使西方医学全面进入中国，也将中国医学和中国病人推向世界，进入西方手术室和实验室；带着新方法、新思维和显微镜的西方医生来到中国，在中国创建医院和建立实验室，探索在欧洲未曾发现过的疾病。

1871年，在厦门海关工作的苏格兰医生万巴德遭遇一位阴囊象皮病病人，手术治疗成功。[50]之后，万巴德研究了库珀和李斯顿两人的手术方案后，成功治疗了多例阴囊象皮病患者，但亦有死亡记录。1872年，万巴德做过一例阴囊象皮病手术，肿瘤重达51磅[51]，1876年他报告了该病人已死亡的消息。1876年万巴德曾治疗过两例术后去世的阴囊象皮病患者，其中一位瘤重达10—15磅，术后一周去世。[52]1875年万巴德回国休养，在大英图书馆检索文献，了解到英国本土医生和在印度的英国医生有诸多先期的实验和临床研究，但对病因却众说纷纭，论断与治疗手段也各不相同。

当时厦门有外国人捐助的社区慈善医院免费收治华人病人，万巴德回厦门后，将慈善医院转化为检查丝虫病人的研究机构，广泛收集来院求治的象皮病病人的血液，并指导医院华人技工在实验室的显微镜下展开研究。[53]万巴德将其最新的研究报告首先发表在海关总署出版同时在欧洲发行的《海关医报》上，以此与西方同行交流。

万巴德在欧洲科学家的最新理论和前期研究的基础上，鼓励台湾的医学传教士展开相关研究，同时又和印度的医生合作，最终确定象皮病非传统所认为的瘴气，而是以蚊子为宿主的丝虫感染，在象皮病病因、手术治疗上都获得突破性的成就。[54]自此，被污名化的"象皮病"便由一个专业疾病名称——丝虫病所取代。

19世纪末，西医在中国已全面开花。在中国工作生活了大半辈子的万巴德带着他的研究成果和殖民医学的理念回到伦敦。1897年，他在伦敦创建卫生与热带病医学院（London School of Hygiene & Tropical Medicine），在医学领域中开创出一个新学科，他也由此被誉为"热带医学之父"。热带病学科的建立，无论如何不能忽视中国或东方对世界科学的贡献。西方学者认为这些地区虽然不属于欧洲科学的地理地域，但仍然属于"欧洲科学的智力地域"，是欧洲科学的全球化。[55]但何鲁的事例提示我们，医学和疾病的全球化是超越地域性的，所谓全球与地方互动的概念只不过是欧洲中心论的另一种说辞罢了。

回　响

1831 年 4 月 9 日下午，在盖伊医院那个人潮汹涌的解剖学剧场中，一位名叫福特（Samuel Heyward Ford, 1811—1876）的医学生在众目睽睽下给何鲁的身体输入了 8 盎司的鲜血，希望能挽救何鲁的生命，那年福特才 19 岁。为了感谢福特的见义勇为，手术结束后，凯医生送给福特一本由他导师之导师、英国近代解剖学家约翰·亨特所著的《论血液、炎症和枪击伤》。[1]凯在扉页上写道：

　　　　这本书是凯送给福特先生的，以纪念福特在
　　中国病人何鲁在盖伊医院接受重大手术后，为他
　　输入的 8 盎司血。[2]

　　凯将书留在办公室里，让福特自己去取。1837 年，这本书随着福特漂洋过海来到位于南太平洋的新西兰湾岛

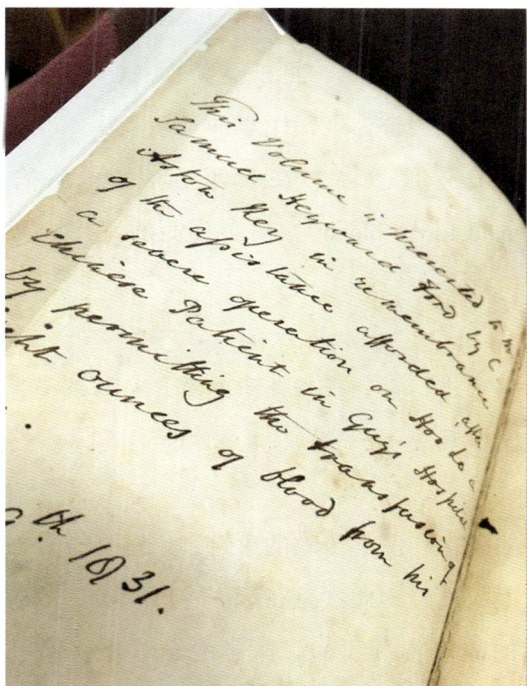

图 48　血酬

　　1831 年 4 月 9 日，凯医生在手术结束后，送给现场为何鲁献血的 19 岁医学生福特《论血液、炎症和枪击伤》一书。凯在书上亲笔写道："这本书是凯送给福特先生的，以纪念福特在中国病人何鲁在盖伊医院接受重大手术后，为他输入的 8 盎司血。"

　　这本外科专业书随着福特漂洋过海去到新西兰的一个小岛。福特是第一位抵达当地的医学传教士。

　　2018 年 5 月 8 日，该书在新西兰旧书拍卖网上拍卖。

Paid for in blood: Medical rare books display, May 8, 2018, by Libraries and Learning Services.

（Bay Island）。福特是第一批抵达新西兰的欧洲医学传教士，他被当地社会誉为现代医学的开拓者。

2018年，这部签名书在新西兰拍卖，竞拍标题为"血酬"（paid for in blood）。拍卖公司的宣传文案是这样开头的：

> 那天出门时，福特并不知道自己最终不仅仅是一个旁观者……[3]

何鲁的手术和医学传教的事迹，以这样一种方式再次进入当代人的视野，此次是在远离中国和英国的新西兰。

何鲁的故事告诉我们，医学的全球化并不只是寻找"科学"真理的全过程，而且它的起点也不一定在西方世界。

附　录

一、何鲁事件大事记

1798 年（约）

何鲁去世年龄 32 岁，据此推断，他出生之年约在 1798 或 1799 年。

1827 年

东印度公司助理医生郭雷枢在澳门和广州为华人免费施诊。

1828 年

郭雷枢在朋友资助下，在澳门开设眼科医院。

何鲁至澳门眼科医院求诊，郭雷枢拒绝手术。

郭雷枢与美国医生白拉福共同在广州开设眼科医院，英国医生考克斯在此工作。

1828—1830 年

广州东印度公司医生都对何鲁的疾病表现出兴趣，郭雷枢请华人工匠制作何鲁模型，请亨利送去英国伦敦盖伊医院。

1829 年

东印度公司将一只中国女性的小脚送至英国伦敦盖伊医院，交由库珀爵士研究，库珀将此任务交与其侄子 B.库珀。

1829 年 3 月 5 日

B.库珀与英国皇家学会秘书楼盖特在皇家学会宣读研究报告，文章刊发在《英国皇家学会哲学通讯》上。

1830 年 11 月 13 日

东印度公司大班盼师收到郭雷枢申请送何鲁去英国治疗的来信，东印度公司回复同意。

1830 年 12 月 17 日

何鲁在孟买乘坐"阿索尔公爵夫人"号启程去英国。

1831 年 3 月 17 日

何鲁抵达英国伦敦黑墙船坞，住进伦敦盖伊医院路克病房。

1831 年 4 月 1 日

《太阳报》以"盖伊医院一位中国人非同寻常的病例"为题报道了何鲁来英国求治的新闻，介绍何鲁的身世、东印度公司的善举、他航行的船名、进入盖伊医院的信息。《伦敦标准晚报》《先驱晨报》作了相同报道。

1831 年 4 月 6 日

　　《星报》《晚上邮报》等作了更新报道。

1831 年 4 月 8 日

　　盖伊医院的一位德国病人前往医院看望何鲁，向何鲁展示 11 年前盖伊医院医生库珀为其做腹部脂肪瘤手术前的照片和手术后的身体情况。

　　何鲁手术主刀医生凯当夜还在思索手术的方案。

1831 年 4 月 9 日

　　盖伊医院聚集了来观摩何鲁手术的大量医生、医学生、社会名流和市民。

1831 年 4 月 9 日下午 1 点

　　库珀宣布何鲁手术场地由盖伊医院手术室移到医院最大的演讲大厅解剖学剧场。

1831 年 4 月 9 日下午 1 点 15 分

　　库珀、凯和卡拉威三名医生为何鲁做肿瘤切除手术，手术持续一小时四十四分钟，最终失败，何鲁的生命在手术台上终止。

　　《皇家康沃尔公报》以"何鲁"（Hoo Lo）为题实时报道。

1831 年 4 月 9 日晚

《布里斯托镜报》报道何鲁手术失败。

1831 年 4 月 11 日

《泰晤士报》《太阳报》《环球》《伦敦标准晚报》《晚上邮报》《伦敦信使与晚报》《贝尔每周信使》刊登署名为"一个目击者"的报道《中国人何鲁在盖伊医院接受肿瘤手术》，描述了何鲁手术的全过程，记录现场观众的情绪，作者表示医生尽职了。

1831 年 4 月 14 日

盖伊医院对何鲁进行尸检。

1831 年 4 月 16 日

《柳叶刀》刊载题为"盖伊医院：从脐下至肛门前缘、重达 56 磅肿瘤的切除手术"的何鲁肿瘤手术报告，证实何鲁的疾病是"阴囊象皮病"，未说明何鲁死亡的原因。

《柳叶刀》刊载题为"何鲁手术"的编者按，对盖伊医院外科医生的手术方案提出"三个不明智"的批评。

《皇家康沃尔公报》以何鲁手术事件为例，对当时的英国政治改革的现状提出忠告。

1831 年 4 月 17 日

《讽刺作家》刊出《中国人何鲁在盖伊医院接受肿瘤手术》。

《贝尔每周信使》将何鲁的疾病与中国传统习俗相联系。

1831 年 4 月 18 日

《伦敦标准晚报》刊出《何鲁，一个不幸的中国人　详情继续》，透露现场有人听到何鲁呼叫"救命"。

1831 年 4 月 19 日

何鲁下葬在盖伊医院的墓地。

1831 年 4 月 23 日

《柳叶刀》刊登辛普森（Simpson）医生 4 月 12 日的"一封来信"，批评盖伊医院的医生，尤其凯医生施行手术的残酷性，认为"现代外科学就是一个吸人血的吸血鬼"，提出外科医生施行外科手术时要谨慎。

1831 年 4 月 24 日

《讽刺作家》报道《何鲁的葬礼》，并以"何鲁：复活的人"为题报道英国的外科医生想购买何鲁的尸体。

1831 年 4 月 29 日

《莱斯特日报》在讨论改革法案时将面对是否要改革议会的威廉四世比作何鲁。

1831 年 5 月 2 日

道尔绘制的政治讽刺漫画《何鲁朱，别名约翰牛和医生们》发表。

1831 年 5 月 7 日

《柳叶刀》刊发铁梯勒的《对何鲁手术的评语，以及关于去除阴囊象皮症肿瘤的说明》一文，认为对如此大的肿瘤采用手术切除是可以改善患者的生命质量的。

1831 年 6 月 4 日

《柳叶刀》发表弗雷瑟的《一个巨大的阴囊肿瘤，通过对其进行反复切开和使用引流带治疗而治愈》论文，介绍自己的手术方法，提出外科医生不应该放弃手术切除的方法。

1831 年 7 月 9 日

法国医生德尔佩奇在《柳叶刀》发表致库珀先生的公开信，认为何鲁不可能像媒体所称的死于疼痛，而是死于失血过多。

1831 年底

《广州杂志》"老头"（Senex）来信介绍何鲁赴英手术，赞赏何鲁在手术中表现出了"勇敢、耐心和坚忍"。

1832 年 6 月

英国议会通过《1832 年改革法案》，这是英国议会史上的一次重大事件。

1834 年

龙思泰以"一个慈善家"的笔名出版《澳门眼科医院纪事》，介绍何鲁西去手术，《柳叶刀》的文章称何鲁为"英勇的何鲁"。

郭雷枢担任英国首任驻华商务总监律劳卑的医生，深度参与到"律劳卑事件"。

1835 年 3 月

《中国丛报》以"中国农民何鲁：他的英国之行；他在盖伊医院接受手术治疗，以及辛普森医生和铁梯勒医生的评论"为题，引用《澳门眼科医院纪事》，全面回顾了郭雷枢、东印度公司和何鲁事件的全过程，并以《柳叶刀》上的三篇文章介绍了欧洲医生关于是否要施行手术的意见分歧。

1835 年 12 月 1 日

郭雷枢在《中国丛报》刊发《任用医生来华担任传教士商榷书》，倡议外国传教团派医生来华担任传教士。

1836 年 1 月 19 日

伯驾在中国施行第一例外科手术，麻醉术还未发明，他采取让病人服用鸦片和饮酒的方式，待病人进入昏迷状态后再进行手术。

1837 年

《盖伊医院报告》记载，何鲁的模型收藏在盖伊医院病理学博物馆。

1838 年 2 月 21 日

"在华医务传道会"在广州成立，郭雷枢当选第一任主席。

1838 年 3 月 18 日

印度医生在《柳叶刀》发表《切除一个巨瘤的致命手术》的论文，文中提到此病人及手术与何鲁手术相似。

1840 年

英国驻华公使李太郭在伦敦宣读《中国和东方医学慈善会倡议书》，以郭雷枢的澳门眼科医院为例，介绍西方医学在中英外交、政治与文化交流中可能产生的作用和影响。

1840 年 9 月

李太郭在《柳叶刀》发表《中国人的疾病：肿瘤》。

1842 年 3 月 30 日

美国外科医生克劳福德·威廉森·朗（Crawford Williamson Long, 1815—1878）在美国佐治亚州的杰弗逊镇使用乙醚浸湿的毛巾让病人詹姆斯·维纳布尔（James M. Venable）吸入，成功切除了其颈部的直径 1.5 英寸的肿瘤。维纳布尔在手术中没有感到疼痛，3 月 30 日因而被定为国际医师节。

1844 年 12 月 11 日

美国牙医霍勒斯·威尔士（Horace Wells, 1815—1848）用笑气（一氧化二氮）麻醉，给自己拔掉一颗牙齿。

1845 年 1 月 20 日

霍勒斯·威尔士在波士顿麻省总医院公开表演笑气麻醉，笑气未被病人正确吸入，病人因疼痛大声哭了出来。观看的学者们嘲笑威尔士并大声起哄："骗子！骗子！"这次困窘的遭遇使威尔士名誉大受影响。

1846 年

乙醚麻醉术刚进入临床使用，凯医生就成为英国第一批使用麻醉术进行结石手术的外科医生。

1846 年 10 月 16 日

美国牙医莫顿（William T. G. Morton, 1819—1868）在波士顿麻省总医院，在众多医生和医学生围观下，给外科病人爱德华·阿博特（Edward Abbott）吸入乙醚，麻省总医院创始人之一，美国外科医生沃伦（John C. Warren, 1778—1856）博士给病人切除颈部瘤。麻醉剂被证明有效，此次表演即刻被多家报纸予以报道。

1846 年 12 月 19 日

英国牙医詹姆斯·罗宾逊（James Robinson, 1813—1862）

在伦敦给一位正在拔牙的年轻女子注射乙醚——这是英国首次使用全身麻醉。

1847 年 2 月

罗宾逊出攺《关于吸入乙醚的论述》（*A Treatise on the Inhalation of Ether*），被认为是世界上第一本麻醉学教科书。

1847 年 7 月

伯驾在广州施行了中国第一例乙醚麻醉外科手术。

1847 年 11 月 4 日

苏格兰妇产科医生辛普森（James Young Simpson, 1811—1870）和他的朋友们决定自己试试氯仿，在吸入这种化学物质后，他们感觉到了一种普遍的快乐和幽默的情绪，突然所有人都昏倒了，直到第二天早上才恢复意识。辛普森一醒来就知道，他找到了可以替代乙醚用作麻醉剂的东西。

1847 年

匈牙利妇产科医生塞麦尔维斯（Semmelweis Ignác Fülöp, 1818—1865）在维也纳和布达佩斯的医院主张用漂白粉溶液给接生人员的双手和接生器械消毒。

1865 年 8 月 12 日

英国外科医生李斯特（Joseph Lister, 1827—1912）在格

拉斯哥皇家医院为一位断腿病人实施手术，选用石炭酸溶液作为消毒剂，并实行了一系列的改进措施，包括：医生应穿白大褂、手术器具要高温处理、手术前医生和护士必须洗手、病人的伤口要在消毒后绑上绷带，等等，这位病人很快痊愈。

1867 年

李斯特将消毒手段应用到输血和输液中，降低了病人患上败血症的机会。

1879 年

郭雷枢在英国去世，《泰晤士报》发布讣告，介绍其澳门眼科医院的医学慈善和传播西方医学的事迹。

《博医会报》刊登《郭雷枢医生》一文，他被认为是中国"医学传教"的开拓者。

1900 年

奥地利细菌学家卡尔·兰德施坦纳（Karl Landsteiner, 1868—1943）发现人类的 ABO 血型系统。

1905 年

何鲁模型移入英国伦敦大学国王学院戈登病理学博物馆。

1912 年

法国医生卡雷尔博士（Alexis Carrel, 1873—1944）因其创

造性进行人与人输血而获诺贝尔奖。

1930 年

兰德施坦纳因发现人类血型系统而获诺贝尔奖。

1981 年 10 月 31 日

盖伊医院纪念何鲁手术 150 周年，剑桥教授布鲁克（Brook）作"何鲁之大手术"的演讲。

盖伊医院邀请画家艾伦模仿关乔昌风格绘制何鲁画像。

1982 年

何鲁像悬挂在英国伦敦大学国王学院戈登病理学博物馆。

1985 年

盖伊医院举办广州眼科医院建立 150 周年纪念会，布鲁克发表题为"中国之古玩：19 世纪东西方滴定的事例"的演讲，称何鲁手术是西去的"外科之旅"。

2005 年

美国医学史学年会上，拉赫曼作《孤独之死的何鲁：1830 年代的外科术与厂国身份》学术报告。

2007 年

医学人类学著作《金针、本草、神和鬼——及至 1848 年的中国治疗术与西方》讨论何鲁事件，刊载《柳叶刀》上何鲁的图片。

2008 年

"帝国医学"叙事著作《维多利亚时代的奇观——英国社会背景下的怪胎》设有《可怜的何鲁》专章。

2011 年

戈登病理学博物馆策展人爱德华（Edward）作题为"中国肿瘤"的演讲，向观众介绍何鲁油画和他的故事。

2020 年

《西医来华十记》首次在中文世界全面介绍何鲁手术，刊载《柳叶刀》上何鲁的图片。

（说明：何鲁事件大事记，除了记录何鲁事件的整个过程及当时影响，还记录了当代回响及外科发展大事件，尤其是麻醉术、消毒术的发明。）

二、图片说明

三、史料

1.《柳叶刀》1831 年 4 月 16 日何鲁手术论文译文

盖 伊 医 院

摘要：脐下至肛门前缘、重 56 磅的肿瘤切除手术。

何鲁，中国帮工，于三月第三周被收治入盖伊医院病房。患者下腹部长有罕见大肿瘤，其性质与大小未见报道。为切除肿瘤，患者从广东出发，乘坐东印度商船来到英国伦敦就医。在东方，医生普遍不愿进行危险的手术，依照那里的风俗和法律，人们对可能导致生命危险的手术都是不接受的。由于该手术具有高难度性，当地医生拒绝为该患者做手术。他刚到医院，这个病例就引起了医学界内外的极大兴趣，医院里来了许多各阶层的人。

我们听闻在旅途中的空气变化导致了他的肿瘤实质性

增大。入院后，患者的食欲、身体状况和精神状态都非常好，因而医生并未开药。他的饮食主要是煮熟的淀粉，食欲没有受到限制。人们认为他的健康状况在住院后有所改善，不过这一点改善很难作出明确的估计。患者一直设想这次手术会是一个令人满意的结果。

通常手术是在星期二进行，由于参观手术的人很多，所以只好将手术时间改为公休的星期六。只有获得进院许可的学生才可以进入观摩。尽管如此，在这种情况下依然出现了前所未有的手术观摩人数，手术室人满为患。因此，很多绅士被拦在手术室外，医院的人员必须另找房间。阿什利·库珀先生走进来对学生们说：由于人数过多，病人目前需要转移，手术将在大解剖阶梯教室进行。大家挤进大教室，那里可容纳680人，病人已做好术前准备。约一刻钟后，何鲁在两名护士和医院工作人员组成的护理团队的陪同下进入手术室。几分钟后，病人被固定在手术台上。阿什利·库珀先生、凯先生和卡拉威先生进行了短暂的会诊，最后决定尽可能为患者保留生殖器官。盖住患者面部，凯先生站在肿瘤正前方，开始手术。由于肿瘤过大，显然，他要做三个可以覆盖阴茎和睾丸大小的皮瓣，以便于匀除肿瘤后的皮肤缝合。第一个皮瓣在肿瘤的前部，另外两个皮瓣在肿瘤的两侧。前侧的皮瓣可以覆盖阴茎，两侧的皮瓣（设计为有向外凸起的弧形形态）是为了缝合时可以包住睾丸并构成会阴部的皮肤。手术首先从右侧腹股沟管浅环下方向内进入约 1 英寸，在肿瘤的基底部切出弧形刀口，继续向内切入，留下与左侧一致的表皮投影，即可环绕整个阴茎根部。生殖器被保留，切口沿直线向前约 4 英寸，向右转角与操刀者平行向前约 2.5 英寸。同样在左侧做一个类似的切口，并通过平行或横向切口与右侧切口相连。这样形成的皮瓣从肿瘤中剥离下来，置于腹部。然后，术者露出病人的两根精索和阴茎，此过程需要保证无菌。

经过长时间的操作，阴茎和睾丸还未从肿瘤内分离出来，此时手术的不良预后已经显现出来。由于该患者性功能未受损，偶尔有遗精，因而医生决定将生殖器官从肿瘤内剥离并保留。然而，该部分手术如此复杂，手术时间过长让阿什利·库珀爵士不得不提出舍弃患者的生殖器官，其他两位医生也同意了他的建议。因此，在每一根精索和阴茎周围进行临时结扎，并将它们分开，为切除整个肿瘤，手术的其余部分将单独进行。在剥离肿瘤、缝合组织过程中，为了让病人从阵发性的无力或虚脱状态中恢复，整个手术间断进行，持续了一小时四十四分钟，手术结果远远超出术前最坏预想。患者在术中共发生两次意识丧失，在后续的手术中，均处于意识不清状态。手术出血量由多位助手分别进行估量，有说14盎司，也有说30盎司，我们估测患者失血量应为25盎司左右。尽管出血量不大，术者认为在这种情况下，出血将会直接导致患者死亡。我们认为，该动脉出血量不超过1盎司（不多）；随后采取快速、熟练结扎术，很多大静脉被分离，除两条精索外，只剩三条小动脉。肿瘤切除后不久，患者再次昏厥（如果前半小时是不完全昏厥），意识完全没有恢复。为改善这种状态，我们采取一系列补救措施，但都没有起作用：按摩四肢保温；心前区保暖；向胃内灌入白兰地和水；最后，怀疑失血过多，从一名学生（在几个人之中可以承受献血）的手臂向患者输血6盎司。病人心脏搏动明显逐渐衰弱，术后仅有呼吸，后进行人工呼吸，无效。

何鲁在手术过程中所表现出来的勇气，虽不是先例，但在外科史上也从未被超越。他时而呻吟，时而轻微惊叫，从他的言谈中我们已经知道他对此次手术不抱有希望。当他闭上眼睛，紧咬牙齿，所有神经只能屈从手术刀，轻颤的嘴唇显示出他对接受手术的后悔。

患者性格和蔼。当他思考时，会显得有些许忧郁，但其他时候，是非常开朗与和善的。患者死后出现的特征非常典型。每次医生让他暴露肿瘤，他都很不情愿，也显得无奈，暗示此举徒劳。他成了医护的优待对象，他的死亡也让同病房的病人对他倍感同情。

患者 32 岁，肿瘤经 10 年才长到现有状态并对他的身体造成影响：腹部肌肉未被压迫；过大的肿瘤使他身体的前部承受了很大的压力，不得不向后仰以保持平衡。他看上去像市议员，肚子占大半，重心移位。整个肿瘤约 70 磅，但移除后称量仅 56 磅。患者体力并未受肿瘤影响，他依旧可以抱起一个健壮的孩子，轻松地扔出去。

肿瘤发病于包皮，病因不清；从病人身上获得的信息无法证明该肿瘤是由于剧烈冲撞造成，也不能说明是特定的刺激因素导致。肿瘤的形状为偏扁平球体。肿瘤被移除后，残留组织创面深度到基底部达 6 英寸。肿瘤蒂为三角形，前、上侧与耻骨平行，向腹股沟管皮下环两侧各延伸约 2.5 英寸，另一侧边界位于会阴外侧，以锐角紧密连接肛门前壁。该病虽起于包皮，但其肿瘤扩张与其他组织细胞界限清楚，尽管外形损坏，但与其他皮肤疾病还是有明显不同。它在肿瘤的最下面形成了第二个肿瘤，上面只有一个排尿的开口，横向直径从 1 到 3 英寸不等。手可以触及的尿道部分光滑且坚硬；尿道外部被肿瘤包绕，瘤体表面有大量硬且厚的结节突起。肿瘤的两侧和后部，以及整个瘤蒂外观无异样。肿瘤周长 4 英尺，瘤蒂周长 2 英尺，两侧长度相等，均为 8 英寸。患者直立时，肿瘤底部可达膝盖以下。

值得一提的是，在包皮肿瘤的基底部，大肿瘤的表面有一个开口，会有尿液从中排泄流出，而包皮肿瘤会贴在开口这一侧的肿瘤上，因而更易隐藏这个开口，肉眼难以观察到。

尸体解剖

医生在星期四早晨对死者进行了尸检。

在切除肿瘤过程中，有一定量的间质（不是很多）流出；肿瘤实质为 56 磅。这明显是一个脂肪瘤，但尸体解剖并未结束。阴茎切开约 1 英寸切口，如第四幅图字母 d 所示。尸检其他部分并没有特别值得注意的地方，死者的胃和其他脏器都很正常，提睾肌由于纤维束肥大（非增生）体积明显增大。伤口自然；从肿瘤发出的一些静脉有小手指粗，精索内的动脉与正常无差别。

图例描述

1. 身患肿瘤的何鲁全身直立像：a 处，推断最初发病部位的包皮过长。

2. 肿瘤切除后患者裸体的局部外观：手术中制成的

皮瓣被缝合在一起。肿瘤部分表皮构成多余的附器，术者可能想用其覆盖阴茎和睾丸。

3. 肿瘤（倒置）下面观：a处，移开过长包皮露出开口；e处，尿液可以通过此开口。

4. 肿瘤上面观：自身重量下沉、展开导致肿瘤切除后和腹部相连的表皮有部分变形，使肿瘤的内部结构暴露在外。d处，术中露出的阴茎，该处为肿瘤切除的表面部分；a处，可见包皮末端。

2.《泰晤士报》1831年4月11日新闻报道译文

中国人何鲁在盖伊医院接受肿瘤手术

由于上周六被定为中国人何鲁切除腹部异常巨瘤的日子，他为此而来到本国的详情已经通过日报被公众所知，因此，一大早，盖伊医院就被邻近大都会的最著名的医学与科学人士所包围。

现场聚集了众多医学、科学和非医学人士，见证了此次手术，我们可列举出以下人士：库珀爵士、亨切琛先生、巴里先生、帕克先生（芒戈·帕克的弟弟）、斯特劳德医生、布赖特医生、斯科特先生、庇德考克医生、摩根医生、B. 库珀先生、霍金斯医生、卡拉威先生、格林先生和特拉弗斯先生。一点钟，库珀爵士走进手术室，他表示由于该手术室地方太小，无法让更多的人目睹手术，手术将在大解剖学剧场进行。聚集在手术室外的观众立即蜂拥过去。虽然这个解剖学剧场能容纳近1 000人，但在大门打开的两分钟内，每个角落都挤满了人。大约在一点半，何鲁由路克病房的嬷嬷和护士领进手术室，他的脸上一直洋溢着幽默的神情（开怀大笑、精力充沛、神采飞扬），自从他在盖伊医院出现以来，这种表现一直让人印象深刻。事实上，似乎每个人都对他的"未来命运"感兴趣。没有人之凯先生表现出更大的焦虑情绪（几乎无人不紧张或恐惧），希望手术能够成功。对于所有参与者来说，这都是一个焦虑的时刻。每个人都对手术能够顺利结束充满信心，因为凯先生的手术技术和经验是众所周知的，而且这位中国人一直保持着良好的精神状态，直到自然枯竭，后续的事实会证明这一点。或许有必要指出，在整个手术过程中，凯先生得到了库珀爵士、卡拉威先生、艾迪森医生、摩根先生以及医院其他杰出人士的协助。

患者躺在手术台上，靠着枕头斜躺着，手术开始时，从肿瘤的基底外缘到两侧耻骨的棘突处做两个椭圆切口，然后将刀沿着肿瘤的上部向前移动，从而掀起一个皮瓣，将其向后翻转。然后在两侧各做一个半月切口，并分离出两个皮瓣，这些切口暴露出一些非常大的皮下静脉，导致大出血，必须用结扎线固定住才能继续进行手术。接着，从肿瘤的颈部开始分离，暴露出精索，最后，用刀从会阴处划几下，切除肿瘤的主体部分，随着皮肤下的下部皮瓣被翻转回来，肿瘤完全从患者的身体上分离出来。

在整个手术过程中，病人因失血过多而显得异常难受，整个手术中失血量不超过18盎司，而且完全是静脉出血。除了精索的动脉外，需要固定的唯一动脉是肿块上部的两条小动脉，从这两条动脉流出的血不超过半盎司。手术完成后，患者仍然昏迷不醒，因此在包扎伤口前向胃里灌入了少量白兰地，并给予了他一些时间来恢复。在此期间，许多在场的绅士（其中包括库珀爵士）都离开了剧场，期望他能尽快从昏厥中苏醒过来。医生让他呼吸新鲜空气，在他的双脚和胸部涂抹温热的药物。然而，他的昏厥状况终于引起外科医生的担忧，于是就把白兰地随意地注进他的胃里，心脏却没有任何反应；显然，如果不采取进一步的措施，心脏的活动就会完全停止，于是医生就求助于输血，往他的手臂中输入8盎司鲜血（这是一位我不知姓名的好心医学生提供的）。

然而，一切努力都是徒劳的，他停止呼吸了。

人们油然而生一个问题：还可以采取哪些其他步骤来确

保手术成功，是否可以采取其他风险更小的方式进行手术？所有在此问题上发表意见的外科医生都认为，最大的危险是可能发生的大出血。为了防止大出血，外科医生采取了一切可能的预防措施，在切开血管时固定住每根血管，在手术的不同阶段，有相当长的时间停顿，以便患者恢复过来，同时给予他帮助。由于上述预防措施，手术完成的时间比通常长。如果手术中医生表现出不耐烦或希望迅速进行手术，这可能会受到指责；但显然医生的目标是尽可能安全和谨慎地进行手术，以符合病情的要求。我们可以把这位中国人在手术完成后的死亡归咎于手术对他神经系统的冲击导致休克，以及静脉大出血。通常，健康的欧洲人是可以承受这种后果，而不会发生任何危险的。因此，我们遗憾地宣布，自何鲁来到这个国家以来，所有医务人员都在关注这个手术，现在一切终结了。有件事公众是可以放心的，为了保护病人的生命，无论从技术角度还是人道主义关怀角度，所有可能提供的机会，医生都不会忽略。

除了手术中损失的三四磅脂肪外，肿瘤重达 56 磅。肿瘤与身体分离后，周长正好是 4 英尺！

注 释

引子

［ 1 ］ 东印度公司档案：EIC/G12/244, p. 517, 13 November 1830，感谢苏精先生慷慨提供此档案的复印件。郭雷枢的信后来收入 A Philanthropist, *A Brief of Account of an Ophthalmic Institution* (Canton: 1834): 17－18. 该书作者 A Philanthropist 为匿名，实为瑞典商人和澳门历史学家龙思泰（Anders Ljungstedt, 1759—1835）.

［ 2 ］ EIC/G12/244, p. 517, 13 November 1830.

［ 3 ］ "Guy's Hospital, removal of a tumour fifty-six pounds in weight, extending from beneath the umbilicus to the anterior border of the anus", *The Lancet* 16, no. 398 (16 April 1831): 86－89.

第一篇　医学图像："可怜的何鲁和他的肿瘤"

第一章　澳门眼科医院：何鲁与郭雷枢

［ 1 ］ "The Chinese peasant Hoo Loo", *The Chinese Repository* 3, no. 11 (Mar. 1835): 489－497.

［ 2 ］《中国医史》中他的粤语拼音名为 "How Loo"，译名"侯鲁"，Wong and Wu, *History of Chinese Medicine* (Tientsia: The Tientsia

Press, LTD, 1932): 670. 王吉民在《中国新医事物纪始》一文称之为"侯路",《中华医学杂志》1945 年 9 至 12 月第 31 卷第 5—6 期,第 289 页。

[3] 苏精:《西医来华十记》,中华书局 2020 年,第 38 页。

[4] [美]卫三畏鉴定:《拾级大成》,香山书院梓行,道光辛丑年(1841)镌,第 38 页;卫三畏鉴定:《英华韵府历阶》,香山书院梓行,道光癸卯年(1843)镌,第 lvi 页。

[5] [美]卫三畏编译:《英华分韵撮要》,羊城中和行梓行,咸丰丙辰年(1856)镌,第 86 页,所有字典中均无"Hoo"字释。

[6] Cadbury, William Warder, *At the Point of a Lancet: One Hundred Years of the Canton Hospital* (Shanghai: Kelly and Walsh, Limited, 1935): 291.

[7] "The Chinese peasant Hoo Loo", *The Chinese Repository* 3, no. 11 (Mar. 1835): 489–497.

[8] *A Brief of Account of an Ophthalmic Institution*, p. 23.

[9] "The Chinese peasant Hoo Loo", *The Chinese Repository* 3, no. 11 (Mar. 1835): 489–497.

[10] Royal College of Surgeons of England, *Thomas Richardson Colledge: born 1797, died 1879* (Looker-On Printing Company Limited, Cheltednham, 1879): 1. 关于郭雷枢生平及其医院介绍,参见王吉民:《在华新医先进像传》,《中华医学杂志》1941 年 12 月第 27 卷第 12 期,第 768—769 页。苏精:《西医来华十记》,第 26—44 页。

[11] [美]柯为樑校订:《医馆略述》,同治十年(1871)孟冬,福州圣教医馆,第 4 页。

[12] *At the Point of a Lancet: One Hundred Years of the Canton Hospital*,附录 6,记东印度公司的船医为"哥利支",第 288 页。

[13] 王吉民:《中国医事年表》中是"高烈治",《医药学》1927 年

5 月第 4 卷第 5 期，第 14 页；《在华新医先进像传》中是"哥利支"，《中华医学杂志》1941 年 12 月第 27 卷第 12 期，第 768 页；《中国新医事物纪始》中是"哥烈支"，《中华医学杂志》，1945 年 9 至 12 月第 31 卷第 5—6 期，第 284 页。邵象伊译：《新医东渐史料》（续）中用"哥利奇"，《医事公论》1936 年 2 月 1 日第三卷第 8 期，第 22 页。李赋京：《解剖生理学史》中称为"哥利支"，《科学》1936 年 5 月第 20 卷第 5 期，第 383 页。

[14] 1933 年，张星烺在《欧化东渐史》（上海：商务印书馆 1933 年）第二章第二节之《西国医学之传入》中首次采用郭雷枢的译名，第 71 页。1937 年 2 月，陈邦贤在《中国医学史》（上海：商务印书馆 1937 年）中采纳"郭雷枢"的译名，第 188 页。1949 年后，中国学界多称其为郭雷枢。[美] 嘉惠霖、琼斯著，沈正邦译《博济医院百年（1835—1935）》（广州：广东人民出版社 2009 年）中便修订英文作者所用的"哥列支"，而采"郭雷枢"，第 284 页。

[15] Royal College of Surgeons of England, *Thomas Richardson Colledge: born 1797, died 1879*, p. 1.

[16] 参见 Dingwall, H. M., *Physicians, Surgeons and Apothecaries: Medical Practice in Seventeenth Century Edinburgh* (Tuckwell Press, East Lothian: 1995). Dingwall, H. M., *A Famous and Flourishing Society: The History of the Royal College of Surgeons of Edinburgh, 1505–2005* (Edinburgh: Edinburgh University Press, 2005).

[17] Royal College of Surgeons of England, *Thomas Richardson Colledge: born 1797, died 1879*, p. 4.

[18] Brook, Simon S., "Chinese curiosi: 19th century examples of the east-west titration", *Journal of the Royal Society of Medicine* 78, no.

11(Nov. 1985): 948.

［19］ Royal College of Surgeons of England, *Thomas Richardson Colledge: born 1797, died 1879*, p. 4.

［20］ 转引苏精：《西医来华十记》，第 35 页。

［21］ ［美］马士著，区宗华译，林树惠校，章文钦校注：《东印度公司对华贸易编年史（1635—1834）》，广州：广东人民出版社2016 年，第五卷，第 174 页。

［22］ ［美］马士著，区宗华译，林树惠校，章文钦校注：《东印度公司对华贸易编年史（1635—1834）》，第五卷，第 194 页。

［23］ ［美］马士著，区宗华译，林树惠校，章文钦校注：《东印度公司对华贸易编年史（1635—1834）》，第五卷，第 216 页。

［24］ ［美］马士著，区宗华译，林树惠校，章文钦校注：《东印度公司对华贸易编年史（1635—1834）》，第四卷，第 214 页。

［25］ ［美］马士著，区宗华译，林树惠校，章文钦校注：《东印度公司对华贸易编年史（1635—1834）》，第四卷，第 223 页。

［26］ 《向总督呈请改革》，第九条，［美］马士著，区宗华译，林树惠校，章文钦校注：《东印度公司对华贸易编年史（1635—1834）》，第四卷，第 360 页。

［27］ 马士记录说医生可随船携带私人货物，如 1767 年"医生有瓷器、贡熙茶和南京布"，［美］马士著，区宗华译，林树惠校，章文钦校注：《东印度公司对华贸易编年史（1635—1834）》，第五卷，第 162 页。

［28］ 郭雷枢的薪资高于他的介绍人罗便臣，罗便臣薪资为 900 镑，没有津贴。［美］马士著，区宗华译，林树惠校，章文钦校注：《东印度公司对华贸易编年史（1635—1834）》，第四卷，第 165 页。

［29］ 关于东印度公司的船医和商馆医生研究，参见苏精以东印度公司档案为基本史料的《西医来华十记》，第 2—44 页。

［30］ 此段文字原文引自 Colledge, T. R., "Ophthalmic Hospital at Macao," *The Chinese Repository* 2, no. 6 (Oct. 1833): 271. 中译文转引王吉民:《在华新医先进像传》,《中华医学杂志》1941 年 12 月第 27 卷第 12 期, 第 768 页。

［31］ Colledge, T. R., "Ophthalmic Hospital at Macao", *The Chinese Repository* 2, no. 6 (Oct. 1833): 274−275.

［32］ Ibid.

［33］ Royal College of Surgeons of England, *Thomas Richardson Colledge: born 1797, died 1879*, p. 4.

［34］ *A Brief of Account of an Ophthalmic Institution*, pp. 29−38. Thomson, J C., "Thomas Richardson Colledge, Forty Years President of the Medical Missionary Society in China", *The China Medical Missionary Journal* II, no. 2 (June 1888): 41−46.

［35］ A. Philanthropist, *A brief of account of an Ophthalmic Institution*, pp. 29−38.

［36］ ［日］大鳥蘭三郎:《近世支那に於ける西洋醫師の活躍期》,《中外医事新报》1933 年 5 月第 1195 期, 第 192 页。周济:《新医东渐史之研究》(续),《中西医药》1936 年 5 月第 2 卷第 5 期, 第 38 页。

［37］ A Philanthropist, *A brief of account of an Ophthalmic Institution*, pp. 29−38.

［38］ *History of Chinese Medicine*, p. 170.

［39］ Martin, Stephen, "Ophthalmology in Regency era China: a portrait of Thomas Richardson Colledge by George Chinnery", *A Journal of Medical Humanities,* Spring 2020, Hektoen Institution. https://hekint.org/2020/05/20/ophthalmology-in-regency-era-china-a-portrait-of-thomas-richardson-colledge-by-george-chinnery/20240202.

［40］ Colledge, T. R. "Ophthalmic Hospital at Macao", *The Chinese Repository* 2, no. 6 (Oct. 1833): 274－275.

［41］ "Dr. Thomas Richardson Colledge", *The Medical Times and Gazette*, 15 Nov. 1879: 568.

［42］ 龙思泰、王吉民和苏精的研究都沿用此说。

［43］ 董少新:《形神之间——早期西洋医学入华史稿》,上海:上海古籍出版社 2012 年, 第 64—108 页。吴玉娴:《世俗化、本土化与殖民性——从"医者"之变迁看澳门西式医疗的"近代化"》,澳门:《文化杂志》2021 年第 111 期, 第 110—118 页。

［44］ 广州眼科医院(Ophthalmic Hospital at Canton),又名新豆栏眼科医局, 1835 年 11 月 4 日由美国公理会医学传教士伯驾创建。

［45］ 爱汉者等编, 黄时鉴整理:《东西洋考每月统记传》,北京:中华书局 1997 年, 第 405 页。

［46］ 伍浩官(1769—1843),广州十三行之怡和行的行主,浩官(Howgua)是其商名。真名为伍秉鉴,别名敦元,字成之,号平湖,在晚清文献中多以伍敦元或伍怡和出现,西文文献以 Howgua 存在。

［47］ Parker, Peter, "Ophthalmic Hospital at Canton", *The Chinese Repository* 4, no. 10 (Feb. 1836): 465－467. 病人编号为 No. 446.

［48］ Parker, Peter, "Ophthalmic Hospital at Canton", *The Chinese Repository* 4, no. 7 (1836): 325－326. 病人编号为 No. 1675.

［49］ Downing, C. Toogood *The Fan-Qui in China, In 1836－1837* (London: Henry Colburn, Publisher 1838), Vol. III: 71.

［50］ "Obituary", *The Times,* 5 Nov. 1879: 9.

［51］ Colledge, T. R., "Ophthalmic Hospital at Macao", *The Chinese Repository* 2, no. 6 (Oct. 1833): 270－272. Thomson, J. C., "Thomas Richardson Colledge, Forty Years President of the Medical

Missionary Society in China" 一文根据 *A Brief of Account of an Ophthalmic Institution* 编写。

[52]　*A Brief of Account of an Ophthalmic Institution,* p. 8.

[53]　［美］马士著，区宗华译，林树惠校，章文钦校注：《东印度公司对华贸易编年史（1635—1834）》，第四卷，第 175 页。

[54]　Royal College of Surgeons of England, *Thomas Richardson Colledge: born 1797, died 1879,* p. 4.

[55]　Paker, Peter, "Ophthalmic, Hospital at Canton: third quarterly report, for the term ending on the 4th of August 1836". *The Chinese Repository* 5, no. 4 (Aug. 1836): 186.

[56]　"Guy's Hospital", *The Lancet* 16, no. 398 (16 April 1831): 86. *A Brief of Account of an Ophthalmic Institution,* p. 16.

[57]　"Canton Dispensary", *The Chinese Repository* 2, no. 6 (Oct. 1833): 276.

[58]　'Extraordinary case of a Chinese at guy's hospital", *The Sun,* 1 April 1831.

[59]　（明）万全（密斋）著，罗田县万密斋医院校注：《万氏秘传外科心法》，湖北科学技术出版社 1984 年，第 83 页。

[60]　'Hoo Loo, The Unfortunate Chinese", *Bell's Weekly Messenger,* 17 April 1831.

[61]　该模型收藏在盖伊医院的标本博物馆。"Max Models and Casts", in edited by George H. Barlow, and James P. Babington, *Guy's Hospital Gazette* II (London: Samuel Highley, 32 Fleet Street, 1837): 544.

[62]　*A Brief of Account of an Ophthalmic Institution,* p. 18.

[63]　"Extraordinary Case at Guy's Hospital", *The Sun,* 1 April, 1831.

[64]　［美］马士著，区宗华译，林树惠校，章文钦校注：《东印度公司对华贸易编年史（1635—1834）》，第一卷，第 4 页。

［65］ British Merchant east Indiaman, "Duchess of Atholl", https:// threedecks.org/index.php?display_type=show_ship&id=29365, accessed 2 Feb. 2024.

［66］ "Passenger List: *The Duchess of Atholl*, Voyage 1830".

［67］ Ibid.

［68］ "Operation upon Hoo Loo, the Chinese for a tumour, " *The Belfast Newsletter*, 15 April 1831.

［69］ *A Brief of Account of an Ophthalmic Institution*, p. 22.

［70］ Parker, Peter, "Ophthalmic Hospital at Canton", *The Chinese Repository* 4, no. 10 (Feb. 1836): 469.

［71］ "Extraordinary Case at Guy's Hospital", *The Sun*, 1April 1831.

第二章　致命的手术：盖伊医院的解剖学剧场

［1］［英］马礼逊：《英华字典》(Macao: Printed at the Honorable India Company Press, 1822)：444.

［2］［美］卫三畏：《英华韵府历阶》，澳门：香山书院梓行，道光癸卯年（1843）镌，第304页，Devan, Thomas T., *The Beginner's First Book in the Chinese Language* (Hong Kong: The "China Mail" Office, 1847): 123.［德］罗存德：《英华行箧便览》(Hong Kong: The Office of the "Daily Press", 1864): 116.

［3］［英］合信：《医学英华字释》(Shanghai: Shanghai Mission Press, 1858)：48.

［4］ 称为 "Large tumour", "Extraordinary case of a Chinese at guy's hospital", *The Sun*, 1 April 1831.

［5］ Titley, J. M., " Remarks on the operation on Hoo Loo, and on the removal of tumours in scrotal elephantiasis", *The Lancet* 16, no. 401 (7 May 1831): 171－172.

［6］ Golzari, Samad E. J., Kazemi, Abolhassan, Ghaffari, Alireza,

Ghabili, Kamyar, " A Brief History of Elephantiasis", *Clinical Infectious Diseases* 55, Issue 7 (October 2012): 1024.

[7] Hajdu SI. "Elephantiasis", *Annals of Clinic Laboratory Science* 32, no. 2 (2002): 207−209.

[8] ［美］肯尼恩・F. 基普乐主编，张大庆主译：《剑桥世界人类疾病史》，上海：上海科技教育出版社 2007 年，第 645 页。

[9] 关于万巴德对象皮病和丝虫病的研究，详见李尚仁：《帝国的医师：万巴德与英国热带医学的创建》第二、三章，台北：允晨文化实业股份有限公司 2012 年，第 100—158 页。

[10] 相关研究参见 Negar Bizhani, Saeideh Hashemi Hafshejani, Neda Mohammadi, "Mehdi Rezaei, Mohammad Bagher Rokni, Lymphatic filariasis in Asia: a systematic review and meta-analysis", *Parasitology Research* 120, no. 9 (2021): 411−412. 孙德建：《我国消除淋巴丝虫病的历史见证》，《中国寄生虫学与寄生虫病杂志》2019 年第 37 卷第 4 期，第 383—387 页。陈海宁：《我国淋巴丝虫病流行病学调查和防治对策研究概述》，《中国热带医学》2009 年第 9 卷第 10 期，第 2062—2063 页。孟苗苗、孙超、秦林：《丝虫病古今中医临庆研究概况》，《江西中医药》2015 年 3 月总第 46 卷第 387 期，第 77—80 页。

[11] ［美］肯尼思・F. 基普乐主编，张大庆主译：《剑桥世界人类疾病史》，第 645 页。

[12] Wilks, Samuel, Bettany, George Thomas, *A Biographical History of Guy's Hospital* (London: Ward, Lock, Bowden & Co. 1892): 1−49.

[13] Jones, T. Roy, "The Holdings of Thomas Guy in the South Sea Company", *Baptist Quarterly* 9, Issue. 3 (1938): 179.

[14] *A Biographical History of Guy's Hospital*, p. 56.

[15] Ibid, p. 135.

[16] 'Sir. Astley Cooper", *A Biographical History of Guy's Hospital*,

pp. 17‒329.

[17]　*A Biographical History of Guy's Hospital*, p. 319.

[18]　Cooper, Bransby Black, *The Life of Sir Astley Cooper, Bart.* (London: John W. Parker, West Strand. 1842).

[19]　Sir Astley Cooper, "On Aneurism", *Lectures on the Principles and Practice of Surgery* (London: 1835): 144‒157.

[20]　Ellis, Harold, " Astley Cooper's Ligation of the Abdominal Aorta", *The Journal of Perioperative Practice* 26, Issue 7&8 (July/ August 2016): 179‒180.

[21]　Burch, Druin, " Astley Paston Cooper (1768‒1841): anatomist, radical and surgeon", *The Journal of the Royal Society of Medicine* 103, issue 12 (2010): 505‒508.

[22]　"Biographical Sketch of Benjamin Travers", *The Lancet* 57, no. 1428 (15 January 1851): 48‒53.

[23]　Cooper, Bransby Blake and Roget, Peter Mark, "Anatomical Description of the foot of a Chinese Female", *The Philosophical Transactions of the Royal Society of London* 2 (Jan. 1829): 255‒260. "Small Feet of the Chinese Female", *The Chinese Repository* 3, no. 12 (April 1835): 537‒542.

[24]　"Extraordinary Case at Guy's Hospital", *The Sun*, 1 April 1831.

[25]　*The Lancet* 16, no. 398 (16 April 1831): 37.

[26]　Ibid: 88.

[27]　Ibid: 87.

[28]　此次见面是在何鲁去世后，由媒体在 4 月 17 日披露的，参见 "Hoo Loo, The Unfortunate Chinese", *Bell's Weekly Messenger,* 17 April 1831.

[29]　Cooper, Astley, "Case of a Large Adipose Tumour Successfully Extirpated, " *Medico-Chirurgical Transactions* XI, part II (1821): 444.

［30］ Cooper, Astley, "Case of a Large Adipose Tumour Successfully Extirpated," *Medico-Chirurgical Transactions* XI, part II (1821): 445.

［31］ Mr. Aston Key, *A Biographical History of Guy's Hospital.* pp. 343-346.

［32］ Ibid.

［33］ "Hoo Loo, The Unfortunate Chinese", *Bell's Weekly Messenger,* 17 April 1831.

［34］ "Operation on Hoo Loo", *The Lancet* 16, no. 398 (16 April 1831): 83.

［35］ "Extraordinary Case at Guy's Hospital", *The Sun,* 1 April 1831.

［36］ "Guy's Hospital", *The Lancet* 16, no. 398 (16 April 1831): 86.

［37］ 高晞:《解剖剧场:观察身体的科学、艺术与秩序》,《世界科学》2019 年第 9 期, 第 48—50 页。

［38］ ［法］卢梭著, 徐继曾译:《漫步遐想录》, 北京:人民文学出版社 1986 年, 第 95 页。

［39］ *A Biographical History of Guy's Hospital.*

［40］ "Operation upon Hoo Loo, The Chinese for a Tumour in Guy's hospital", *The Times,* 11 April 1831.

［41］ 盖伊医院术后在《柳叶刀》发表的论文提到这三位医生。*The Lancet* 16, no. 398 (16 April 1831): 36.

［42］ *A Biographical History of Guy's Hospital.*

［43］ "Operation upon Hoo Loo, The Chinese for a Tumour in Guy's Hospital", *The Times,* April 11, 1831.

［44］ 本段译文初稿由复旦大学上海医学院临床 8 年制 2016 级学生黄滢睿翻译, 笔者校对。*The Lancet* 16, no. 398 (16 April 1831): 86-89.

［45］ 'Hoo Loo, The Unfortunate Chinese", *Morning Chronicle,* 17 April 1831.

［46］ 'Guy's Hospital Removal of a Tumour Fifty-six Pounds in Weight,

Extending from Beneath the Umbilicus to the Anterior Border of the Anus", *The Lancet* 16, no. 398 (16 April 1831): 86.

[47] "Operation on Hoo Loo", *The Lancet* 16, no. 398 (16 April 1831): 83.

[48] "Guy's Hospital", *The Medico-chirurgical Review and Journal of Practical Medical* 15 (1831): 150 −152; "Guy's Hospital", *The London Medical and Physical Journal* 10, no. 59 (May 1831): 414−418; "Removed of a tumour fifty-six pounds in weight, extending from beneath the umbilicus to the anterior border of anus." *New York Medic-Chirurgical Bulletin* 1 no. 4 (1 Aug. 1831): 208−212; "Exstirpation af en svulst, 56 pund af vægt paa underlivet. Hoo-Loo, en Chineser, 32, Aas gl., blev i Martsd. A. optaget paa Guijs-hospital i London for en ovr". *Bibliotek for Läger* 11 (1831): 173−176.

[49] "Operation on Hoo Loo", *The Lancet* 16, no. 398 (16 April 1831): 86.

[50] Ibid: 83−84.

[51] Brown, Michael, "Surgery and Emotion: The Era Before Anesthesia, " edited by Schlich, Thomas, *The Palgrave Handbook of the History of Surgery* (London: Palgrave Macmillan, 2018): 328.

[52] "Hoo Loo", *The Lancet* 16, no. 399 (23 April 1831): 121.

[53] 该文于 4 月 23 日在《柳叶刀》上刊发。

[54] Simpson, W., "The Operation on Hoo Loo, To the Editor of the Lancet", *The Lancet* 16, no. 399 (23 April 1831): 110−111.

[55] Titley, J. M., "Remarks on the operation on Hoo Loo, and on the removal of tumours in scrotal elephantiasis", *The Lancet* 16, no. 401 (7 May 1831): 171−172.

[56] Fraser, Hugh, "A Scrotal Tumour, of Great Magnitude, Cured by Repeated Incisions Made into its Substance and by Setons", *The Lancet* 16, no. 405 (4 June 1831): 297−298.

[57] "Operations for Scrotal Elephantiasis Letter Addressed to Sir. Astley Cooper by Professor Delpech of Montpellier on the Operation Lately Performed at Guy's Hospital on Hoo Loo", *The Lancet* 16, no. 410 (9 July 1831): 439–440.

[58] Ibid.

[59] Ibid.

[60] "Poor Hoo Loo, the Chinese", *The Satirist,* 17 April 1831. "Fatal Surgical Operation". *The Official Bulletin*, 14 April 1831.

[61] Frankum, Richard, "On the cause of Hoo Loo's Death", *The Times*, 23 April 1831.

第二篇　国家形象：新闻叙事和政治隐喻

第一章　新闻叙事："不幸的何鲁"与亚洲人的体质

[1] Simpson, W., "The Operation on Hoo Loo, To the Editor of the Lancet", *The Lancet*, 23 April 1831: 110–111.

[2] Brown, Lucy, *Victorian News and Newspapers* (Oxford: Oxford University Press, 1985): 33.

[3] *A Biographical History of Guy's Hospital,* pp. 332–333.

[4] ［英］马礼逊：《英华字典》(Macao: Printed at the Honorable India Company Press, 1822): 245；［美］卫三畏：《英华韵府历阶》，澳门：香山书院梓行，道光癸卯年（1843）镌，第 160 页。

[5] 西人在华给人治病致死，必须承担法律责任的说法在当时中国的媒体上也有报道，《中国丛报》的"广州医院"中有提及，"Canton Dispensary", *The Chinese Repository* 2, no. 6 (Oct. 1833): 276.

[6] "Extraordinary case of a Chinese at guy's hospital", *The Sun*, 1 April 1831

[7] "Extraordinary case of a Chinese at guy's hospital", *The Star*, 6 April 1831.

[8] Fitzharris. Lindsey, *The Butchering Art: Joseph Lister's quest to transform the grisly world of Victorian medicine* (New York: Scientific American / Farrar, Straus and Giroux, 2017): 8.

[9] Fitzharris. Lindsey, *The Butchering Art,* pp. 8−9.

[10] By an Eyewitness, "Operation upon Hoo Loo, The Chinese, for a Tumour, in Guy's Hospital", *The Times*, 11 April 1831.

[11] "Hoo Lo", *Royal Cornwall Gazette*, 9 April 1831.

[12] "Extraordinary Case", *Bristol Mirror*, 9 April 1831.

[13] By An Eye-witness, "Operation upon Hoo Loo, The Chinese, for a Tumour, in Guy's Hospital", *The Sun*, 11 April 1831; *The London Evening Standard*, 11 April 1831; *Bell's Weekly Messenger*, 11 April 1831.

[14] By an Eyewitness, "Operation upon Hoo Loo the Chinese".

[15] "Hoo Loo, The Unfortunate Chinese", *Bell's Weekly Messenger,* 17 April 1831.

[16] "Guy's Hospital", *The Lancet* 16, no, 398 (16 April 1831): 87.

[17] "Hoo Loo, The Unfortunate Chinese". *The Times*, 19 April 1831.

[18] "Hoo Loo, The Unfortunate Chinese., Further particulars", *The London Evening Standard*, 18 April 1831.

[19] By an Eyewitness, "Operation upon Hoo Loo the Chinese".

[20] Frankum, Richard, "On the cause of Hoo Loo's Death", *The Times*, 23 April 1831.

[21] "Fatal Surgical Operation", *Official Bulletin*, 14 April 1831. *Leeds Intelligencer* 14 April 1831.

[22] "Funeral of Hoo Loo the Chinese", *The Times,* 20 April 1831.

[23] "Hoo Loo, The Unfortunate Chinese. Further particulars", *The London Evening Standard*, 18 April 1831.

[24] "Hoo Loo", *Cheltenham Journal and Gloucestershire Fashionable*

Weekly Gazette, 2 May 1831.

[25]　"Funeral of Hoo Loo the Chinese", *The Times,* 20 April 1831.

[26]　"Hoo Loo The Unfortunate Chinese, " *The Globe,* 7 May 1831; "Hoo Loo", *Drogheda Journal, or meath & Louth Advertiser,* 10 May 1831.

[27]　'Hoo Loo and the resurrection-men", *The Satirist,* 24 April 1831.

[28]　"Hoo Loo, The Unfortunate Chinese", *The Globe,* 7 May 1831; Hoo Loo, *Drogheda Journal, or Meath & Louth Advertiser,* 10 May 1831.

[29]　MacDonald, Helen, "Procuring Corpses: The English Anatomy Inspectorate, 1842 to 1858", *Medical History* 53, no. 3 (2009): 379−396.

[30]　Lawrence, Susan C., ' "Desirous of Improvements in Medicine": Pupils and Practitioners in the Medical Societies at Guy's and St Bartholomew's Hospitals, 1795−1815' , *Bulletin of the History of Medicine* 59, no. 1 (Spring 1985): 89−104.

[31]　"Max Models and Casts", in edited by George H. Barlow, and James P. Babington, *Guy's Hospital Gazette II* (London: Samuel Highley, 32 Fleet Street, 1837): 544.

[32]　"Penis and Scrotum", Wilks, Samuel, *Lectures on Pathological Anatomy delivered Guy's Hospital during the Summer Sessions* (London: Longman Brown, Green, Longmans and Roberts, 1858): 393.

[33]　"Hoo Loo: The Famous Chinese, Operated on by Mr. Key in 1831", *Guy's Hospital Gazette* 22 (8 Feb. 1908): 48. Guy's Hospital Gazette, *The British Medical Journal* 1, no. 2460 (22 Feb. 1908): 469−470.

[34]　"Poor Hoo Loo, the Chinese", *The Satirist,* 17 April 1831.

［35］ "Extraordinary case of a Chinese at guy's hospital", *The Star*, 6 April 1831.

［36］ By an Eyewitness, "Operation upon Hoo Loo the Chinese".

［37］ "To the Editor of the Morning Advertiser, " *Morning Advertiser,* 12 April 1831.

［38］ Frankum, Richard, "On the cause of Hoo Loo's Death", *The Times*, 23 April 1831.

［39］ "气候水土论"，［古希腊］希波克拉底著，赵洪钧、武鹏译：《希波克拉底文集》，北京：中国中医药出版社 2007 年，第 24—30 页。

［40］ "Hum Fum" 应是广东方言，据浙江中医药大学郑洪教授考察，可能是出自广州人所崇拜的南昌五福"车公大元帅"的习俗。在此感谢郑洪提供的咨询。

［41］ "Hoo Loo, The Unfortunate Chinese", *Bell's Weekly Messenger*, 17 April 1831.

［42］ Frankum, Richard, "On the cause of Hoo Loo's Death", *The Times*, 23 April 1831.

第二章　疾病的政治隐喻：国家的巨瘤

［ 1 ］ "Poor Hoo Loo, the Chinese", *The Satirist,* 17 April 1831.

［ 2 ］ Ibid.

［ 3 ］ 张怀印：《十九世纪英国宪政改革研究——以议会选举制度改革为中心》，北京：中国政法大学出版社 2012 年，第 72 页。

［ 4 ］ 相关研究参见 Moore, David Cresap, *The Politics of Deference: A Study of the Mid-nineteenth Century English Political System* (Hassocks: Harvester Press, 1976); Newbould, Ian, *Whiggery and reform, 1830–1841: The Politics of Government* (Standford: Standford University Press, 1990); 张怀印：《十九世纪英国宪政改革研

究——以议会选举制度改革为中心》；阎照祥：《19 世纪早期英国托利主义析略》，《史学集刊》2010 年第 2 期，第 67—75 页；裴亚琴：《1832 年英国议会改革期间辉格党的贵族主义叙事》，《学习与探索》2020 年第 3 期，第 161—176 页。

[5] Grego, Joseph, *A History of Parliamentary elections and electioneering in the old days show the state of political parties and party warfare at the hustings and in the house of commons from the Stuarts to Queen Victoria. Illustrated from the original political squibs, lampoons pictorial satires, and popular caricatures of the time* (London: Chatto and Windus, Piccadilly, 1886)，该书收集了自 1701 至 1835 年英国议会选举期间产生的文学作品、讽刺短文、歌谣和猛烈抨击。插图选自同一时期对最著名的选举斗争所作的讽刺画作。其中大的画作 46 幅，小插图 45 幅，书中收入道尔的两幅画作。

[6] "H. B.'s Political Sketches", *The Times*, 22 May 1844.

[7] Grego, Joseph, *A History of Parliamentary elections and electioneering*, p. 357.

[8] 感谢清华大学历史学系研究生陈芷婷提醒我注意这个词的双关语境。

[9] 哈恩克利夫（James Archibald Stuart-Wortley-Mackenzie, 1st Baron Wharncliffe 1776 — 1845），是布特伯爵第三代约翰·斯图尔特首相的孙子。在英国党派就政治改革问题发生冲突时，哈恩克利夫疏通了政府和反对派之间的沟通渠道。1834 年至 1835 年，他在皮尔爵士手下担任枢密院院长；1841 年至 1845 年，他再次担任枢密院院长。

[10] ［美］苏珊·桑塔格著，程巍译：《疾病的隐喻》，上海：上海译文出版社 2014 年，第 17 页。

[11] Hext, F. J., "Further Letter", *The Royal Cornwall Gazette*, 16 April 1831.

［12］［英］丘吉尔著，吴昊、张峭楠译：《英语民族史　伟大的民主》，北京：新华出版社 2017 年，第五章。张怀印：《十九世纪英国宪政改革研究——以议会选举制度改革为中心》，第 72—73 页。

［13］ "The Reform Bill (From the John Bull)", *The Leicester Journal*, 29 April 1831.

［14］ Ibid.

［15］ Moore, David Cresap, *The Politics of Deference: A Study of the Mid-nineteenth Century English Political System* (Hassocks: Harvester Press, 1976)

［16］ "Chester County Election", *The Chester Chronicle*, 20 May 1831.

［17］ Brown, Michael, "Surgery and Emotion: The Era Before Anesthesia, " edited by Schlich, Thomas, *The Palgrave Handbook of the History of Surgery* (London: Palgrave Macmillan, 2018): 41.

［18］ "The Reform Bill", *Cumberland Pacquet and Ware's Whitehaven Advertiser,* 3 May, 1831. 该文选摘一份传单上的内容，称何鲁为 "Poor Loo Poo Choo".

［19］ "H. B.'s Political Sketches", *The Times*, 22 May 1844.

第三篇　医学慈善：造就 "英勇的何鲁"

第一章　一个慈善家的形象

［1］ "Fatal Operation on a Chinese", in "Asiatic Intelligence", *Asiatic Journal and Monthly Register for British and Foreign India, China and Australasia* V, (May-August 1831): 43－44.

［2］ 苏精：《西医来华十记》，第 35 页。

［3］ Colledge, T. R., "Ophthalmic Hospital at Macao", *The Chinese Repository* 2, no. 6 (Oct. 1833): 271.

［4］［美］马士著，区宗华译，林树惠校，章文钦校注：《东印度

公司对华贸易编年史（1635—1834）》，第四卷，第 175 页。

［5］ Colledge, T. R., "Ophthalmic Hospital at Macao", *The Chinese Repository* 2, no. 6 (Oct. 1833): 273. 原文写于 1832 年 10 月。

［6］ Colledge, T. R., "Ophthalmic Hospital at Macao", *The Chinese Repositor* 2, no. 6 (Oct. 1833): 273. A Philanthropist, *A brief of account of an Ophthalmic Institution*, pp. 40-50. 捐赠清单使用的商行名称，根据梁嘉彬《广东十三行考》本篇第三章《广东十三行行名、人名及行商事迹考》，伍怡和指怡和行商伍绍荣（Howqua Ⅳ）及其父伍秉鉴（Howqua Ⅲ）；卢文锦为广利行商，商名户棣荣（Mowqua Ⅱ）；潘绍光为同孚行商，原名潘正炜（Puankhequa Ⅲ）；谢棣华即谢嘉梧（谢鳌）之子，东兴行商，商名谢有仁（Gowqua Ⅱ）；梁承禧为天宝行商，原名梁纶枢（Kingcua Ⅱ）。作者注：在 1858 年前，清政府将十三洋行这群与洋人做生意打交道的华商称为"洋商"或"官商"，外国商人称为"夷商"，自 1858 年《天津条约》之后，"洋商"的称呼才转赠给外国商人，相关研究参见刘禾著，杨立华等译：《帝国的话语政治：从近代中西冲突看现代世界秩序的形成》（修订译本），北京：生活·读书·新知三联书店 2014 年，第 46 页。

［7］ Plowden, W. H. C., "Ophthalmic Hospital at Macao", *The Chinese Repositor* 2, no. 6 (Oct. 1833): 273. 龙思泰在 *A brief of account of an Ophthalmic Institution* 中将日期记错了，记成 1834 年 9 月 26 日，pp. 14-15。

［8］ 此数据根据眼科医院的年度报表统计，时间在 1828—1833 年间。眼科医院虽在 1832 年关闭，1833 年还有位巴斯商人捐赠 100 元，*A Brief of Account of an Ophthalmic Institution*, pp. 40-50.

［9］ 苏精：《西医来华十记》，第 43 页。

［10］ "National Character of the Chinese Sensus Communis Be", *The*

Chinese Repository 1, no. 8 (Dec. 1832): 334.

［11］ "Description of the city of China", *The Chinese Repository* 2, no. 7 (Nov. 1833): 307.

［12］ Colledge, T. R., "Ophthalmic Hospital at Macao", *The Chinese Repository* 2, no. 6 (Oct. 1833): 271.

［13］ Ibid: 273.

［14］ *A brief of account of an Ophthalmic Institution,* p. 25.

［15］ Thomson, J. C., "Thomas Richardson Colledge", *The China Medical Missionary Journal* II, no. 2 (June 1888): 41-46.［美］嘉惠霖、琼斯著，沈正邦译《博济医院百年（1835—1935）》（广州：广东人民出版社 2009 年）; Blame, Harold, *China and Modern Medicine, a study in medical missionary development* (London: United Council for Missionary Education Edinburgh Hpuse, 1921), *History of Chinese Medicine.*

［16］ *A brief of account of an Ophthalmic Institution*，pp. 25-26.

［17］ ［英］彼得·伯克著，杨豫译：《图像证史》，北京：北京大学出版社 2012 年，第 30—37 页。

［18］ 龙思泰以为此画是郭雷枢出资请钱纳利画的，见 *A brief of account of an Ophthalmic Institution*，p. 25. 据郭雷枢的家人记载此画是米列特安排绘制，费用也由公司支付的。见 *Thomas Richardson Colledge: born 1797, died 1879.* P. 5. 由当时郭雷枢的薪资（1 000 英镑）和 1 000 银元补贴，郭雷枢似乎不太可能支付此笔巨款。

［19］ Old Nick, *La Chine ouverte; aventures d'un Fan-kouei dans le pays de Tsin* (Paris: H Fournier, 1845): 63. 参照马士所列的货币单位核算，100 英镑等于 416.67 元，500 镑等于 2 083.35 元。马士：各单位说明，第一卷第 8 页。

［20］ 威廉·丹尼尔（William Daniell, 1769—1837），英国博物学家、

海洋艺术画派画家、雕刻家，英国皇家院士，长年在东方游历，旅行作画。

[21] *A brief of account of an Ophthalmic Institution*，pp. 25–26.

[22] Fan, Fa-ti, "Science in a Chinese Entrepôt: British Naturalists and Their Chinese Associates in Canton", *Osiris* 18, no. 1 (2003): 60–78.

[23] "讷尔经额折"，"山东巡抚咨呈"，"陶澍、林则徐折"等《道光朝外洋通商案》，《史料旬刊》第 13 期，故宫博物馆文献馆 1930 年 10 月 1 日出版，第 470—477 页。

[24] "卢坤等片二"，《道光朝外洋通商案》，《史料旬刊》，故宫博物馆文献馆 1930 年 12 月 21 日出版，第 21 期，第 766 页。

[25] "大英国军机大臣、水师船督、特命驻中华总管本国贸易正监督、世袭侯爵纳陛书"，《道光十四年文书》第壹号（道光十四年六月十四日，即 1834 年 7 月 20 日），引自［日］佐佐木正哉编：《鸦片战争前中英交涉文书》，新北：文海出版社 1984 年，第 2 页。该文书由马礼逊所译，他将"律劳卑"译为"纳陛"，相关研究参见庄钦永：《四不像"大英（国）"：大清天朝体制钤压下的汉译泰西国名》，引自王宏志主编：《翻译史研究》，上海：复旦大学出版社 2013 年，第 93 页。

[26] "卢坤等片二"，《道光朝外洋通商案》，《史料旬刊》第 21 期，第 767 页。

[27] 相关研究参见刘圣宜：《华夷观念与律劳卑事件》，《华南师范大学学报》（社会科学版）1989 年第 3 期，第 82—86 页；李少军、刘春明：《试论律劳卑事件的根源与中方的应对》，《江汉论坛》2004 年第 10 期，第 91—94 页；吴义雄：《鸦片战争前在华西人与对华战争舆论的形成》，《近代史研究》2009 年第 2 期，第 23—44 页；谢庆立：《看不见的"推手"——〈中国丛报〉与 1834 年"律劳卑事件"报道研究》，《新闻记

者》2018 年第 2 期，第 22—30 页；常昌盛：《〈中国丛报〉中西冲突报道与舆论研究（1832—1842）》，北京外国语大学国际新闻与传播学院博士论文，2020 年；刘禾著，杨立华等译：《帝国的话语政治：从近代中西冲突看现代世界秩序的形成》（修订译本），第 46 页。

[28] 《道光朝外洋通商案》，《史料旬刊》第 25 期，故宫博物馆文献馆 1931 年 2 月 1 日出版，第 916 页，对照 1834 年《中国丛报》外商对此事件报道，当时与伍敦元打交道的是医生郭雷枢，而非散商，见 "British authorities in China", *The Chinese Repository,* Dec. 1, 1834: 348. "加律治" 之名应为伍敦元所使用，只是哈丰阿将 "加律治" 误认为英国散商了。《东华续录》亦均采伍敦元的说法，《东华续录》（道光朝）60 卷，道光十三年，清光绪十年长沙王氏刻本，此版本中译为 "散商加律治"，第 432 页，见中国基本古籍库，http://dh.ersjk.com/ spring/front/read/2021－01－10。由中国社会科学院近代史研究所翻译室编《近代来华外国人名辞典》（北京：中国社会科学出版社 1981 年）中取郭雷枢和加律治两种译法，第 86 页。

[29] "British authorities in China: their arrival at Canton", *The Chinese Repository* 3, no. 7 (Nov. 1834): 335.

[30] Ibid.

[31] Colledge, T. R. Anderson, Alexr, "Supplement to the Funeral Sermon: First Answer Second Answer", *The Chinese Repository* 3, no. 6 (Oct. 1834): 335.

[32] [美] 雷孜智著，尹文涓译：《千禧年的感召——美国第一位来华新教传教士裨治文传》，桂林：广西师范大学出版社 2008 年，第 86 页。

[33] *Thomas Richardson Colledge: born 1797, died 1879*, pp. 4－5. "British authorities in China", *The Chinese Repository* 3, no. 8

(Dec. 1834) 345.

[34] "第叁拾玖"号,《道光十四年文书》,《鸦片战争前中英交涉文书》, 第 29 页。英文原稿见 Colledge, T. R. A., Anderson, "Supplementary to the Funeral Sermon", *The Chinese Repository* 3, no. 6 (Oct. 1834): 280 – 284.

[35] "第肆拾壹"号,《道光十四年文书》,《鸦片战争前中英交涉文书》, 第 30 页。

[36] "第肆拾贰"号,《道光十四年文书》,《鸦片战争前中英交涉文书》, 第 30 页。

[37] "卢坤等片二",《道光朝外洋通商案》,《史料旬刊》, 第 25 期, 第 920 页。

[38] [美]费正清编,中国社会科学院历史研究所编译室译:《剑桥晚清中国史 1800—1911 年》上卷, 北京: 中国社会科学出版社 1983 年, 第 187—188 页。

[39] Philanthropist, "A brief of account of an Ophthalmic Institution", *The Chinese Repository* 3, no. 8 (Dec. 1834): 364.

第二章　英勇的何鲁：从医学慈善到医学传教

[1] *A Brief of Account of an Ophthalmic Institution*, p. 17.

[2] 《广州杂志》(*The Canton Miscellany*) 是 1831 年 5 月至年底在广州出版的一本文学刊物, 共计五期, 匿名编辑, 它的目标群体是受过良好教育的英国精英。该杂志刊登各种文学文章, 涉及部分时事内容。最后两期刊载了澳门历史的长文。

[3] Senex, "To the editor of Canton Miscellany", *The Canton Miscellany*, no. 4 (1831): 301.

[4] Senex, "To the editor of Canton Miscellany", *The Canton Miscellany*, no. 4 (1831): 302. Senex 是喜剧中老头的称呼, 见《新牛津英汉双解大词典》第 2 版, 上海: 上海外语教育出版社 2013 年。

[5] 龙思泰出生于瑞典的林雪平，就读于乌普萨拉大学（Uppsala University）。1784 年，他远赴俄罗斯从事教育工作达 10 多年。后回瑞典，担任官方俄语翻译员，担任瑞典国王俄文翻译。1797 年，龙思泰来到中国广州，在瑞典东印度公司工作，1813 年瑞典东印度公司关闭。1815 年他移居至澳门经商，1820 年出任瑞典首位驻华领事，1835 年在澳门去世。龙思泰著有 *Contribution to an Historical Sketch of the Portuguese Settlements in China, principally of Macao, of the Portuguese Envoys and Ambassadors to China, of the Roman Catholic Mission in China and of the Papal Legates to China* (1832), *Contribution to an Historical Sketch of the Roman Catholic Church at Macao: and the Domestic and Foreign Relations of Macao* (1834), 1836 两书合并在波士顿出版，Ljungstedt, Anders. *An Historical Sketch of the Portuguese Settlements in China, and of the Roman Catholic Church and Mission in China; a Supplementary Chapter, Description of the City of Canton* (Boston: James Munroe & Co., 1836). 中文版为吴义雄、郭德焱、沈正邦译，章文钦校注：《早期澳门史：在华葡萄牙居留地简史、在华罗马天主教会及其布道团简史、广州概况》，北京：东方出版社 1997 年。

[6] *A Brief of Account of an Ophthalmic Institution*, pp. 19−20.

[7] "Guy's Hospital", *The Lancet* 16, no. 398 (16 April 1831): 87.

[8] *A brief of account of an Ophthalmic Institution*, p. 17.

[9] Ibid.

[10] A Philanthropist, "A Brief of Account of an Ophthalmic Institution", *The Chinese Repository* 3, no. 8 (Dec. 1834): 364−374.

[11] Ibid: 364−376.

[12] 参见［英］马礼逊：《英华字典》，第 245 页；［美］卫三畏鉴定：《英华韵府历阶》，第 160 页。

[13] "The Chinese peasant Hoo Loo", *The Chinese Repository* 3, no. 11 (Mar. 1835): 489-497.

[14] Gutzlaff, Charles, "Journal of a voyage along the coast of China from the province of Canton to Leaou-tung in Mantchou Tartary;1832-1833", *The Chinese Repository* 2, no. 2 (Jun. 1833): 51-52.

[15] 龙思泰于 1834 年 12 月在《中国丛报》刊发此文，之后再出版单行本。

[16] *A brief of account of an Ophthalmic Institution*, p. 6.

[17] Ibid, pp. 16-17.

[18] Ibid, p. 9.

[19] Ibid, p. 17.

[20] Colledge, T. C., "Suggestions with regard to employing medical practioners as missionaries to China, " *The Chinese Repository* 4, no. 8 (Dec. 1835): 386-389.

[21] Medical Missionary Society in China, *The Friend of Indian 2* (104), Dec 22, 1836: 403.

[22] Colledge, T. C., "Suggestions with regard to employing medical practioners as missionaries to China, " *The Chinese Repository* 4, no. 8 (Dec 1835): 386-389.

[23] Colledge, T. R., Parker, P., Bridgman, E. G., "Suggestions for the formation of a Medical Missionary Society", *The Chinese Repository* 5, no. 8 (Dec. 1836): 370-373.

[24] Colledge, T. R; Parker, P; Brideman, E. C., Medical Missionary Society: regulation and resolutions, adopted at a public meeting held at Canton on the 21st of February, 1838, *Chinese Repository* 5, no. 5 (May 1, 1838).

[25] Colledge, T. R., *The Medical Missionary Society in China* (Philadelphia:

1838): 6.

［26］ Ibid: 5.

［27］ Parker, Peter, *The First Report of the Medical Missionary Society's Hospital at Macao* (Macao: printed by the *Chinese Repository*, 1838): 11–21.

［28］ 吴义雄:《医务传道方法与"中国医务传道会"的早期活动》,《中山大学学报论丛》(社会科学版) 2000 年第 3 期, 第 177 页。

［29］ Colledge, T. R., *The Medical Missionary Society in China* (Philadelphia: 1838): 3–5.

［30］ "Prospectus of the Medical Philanthropic Society for China and the East", *The Chinese Repository* 10, no. 1 (Jan. 1841): 21.

［31］ "Dr. Collegdge", *The Lancet* 34, no. 885 (Aug. 1840): 768.

［32］ Thomas, J. C., "Thomas Richardson Colledge", *The China Medical Missionary Journal* II, no. 2 (June 1888): 40.

［33］ 王吉民:《在华新医先进像传》。

［34］ 相关研究详见吴义雄:《医务传道方法与"中国医务传道会"的早期活动》,《中山大学学报》(社会科学版) 2000 年第 3 期, 第 174—185 页。[美] 爱德华·V. 吉利克著, 董少新译:《伯驾与中国的开放》, 桂林:广西师范大学出版社 2008 年。

［35］ 1836 至 1839 年, 李太郭在广州传教, 后进入英中领事界, 曾任英国驻华公使璞鼎查的翻译, 1843 年聘任为英国首任驻广州领事, 1844 年任驻福州领事, 1845 年任驻厦门领事, 其子李泰国是清海关首任总税务司。

［36］ Bowman, Marilyn Laura, *James Legge and the Chinese Classics, A Brilliant Scot in the Turmoil of Colonial Hong Kong* (Friesen Press, 2016): 42.

［37］ Lockhart, William, *The Medical Missionary in China: A Narrative of Twenty Years' Experience* (London: Hurst and Blackett, : 1861): 143.

［38］ Lay, G. T. "Diseases among the Chinese, Tumours", *The Lancet* 34, no. 888 (Sept. 1840): 851–853.

［39］ 关乔昌，号林官（1801—1860），广东南海人，19世纪广州的西人称之为"琳呱"（Lam Qua），清代油画家，在广州十三行开画店。他是伯驾眼科医院的专职画家，在1835年至1855年间为其医院88位病人画像，论著有 Crossman, Carl L., *The Decorative Arts of the China Trade, Paintings, Furnishings and Exotic Curiosities* (Woodbridge, Suffolk: Antique Collectors' Culb, 1991). Conner, Patrick, "Lamqua, Western and Chinese Painter", *Arts of Asia* 29, no. 2 (1999): 46–64; Rachman, Stephen, Morbi, Memento, "Lam Qua's Paintings, Peter Parker's Patients", *Literature and Medicine* 23, no. 1 (Spring 2004): 134–159. Press, Palatino, *The Medical Portraiture of Lam Qua Paintings: form a Canton Hospital, 1836 –1855* (Create Space Independent Publishing Platform April 18, 2014); Wagner, Corinna, "Visual Translations: Medicine, Art, China and the West", *Fudan Journal of the Humanities and Social Science* 8 (2015): 193–234. Kamola, Jadwiga, *Tumour in Blick: Tumour im Blick: Patientenporträts im 19. Jahrhundert zwischen Kunst, Medizin und Physiognomik* (Vandenhoeck & Ruprecht Gmbh & Co; Aufl. ed. Edition, 13 Aug. 2018)；［美］韩瑞著，栾志超译:《图像的来世：关于"病夫"刻板印象的中西传译》，北京：生活·读书·新知三联书店出版2020年。

［40］ Blame, Harold, *China and Modern Medicine a study in medical missionary development.* p. 43.

［41］ Parker, Peter, "Report of the Medical Missionary Society", *The Chinese Repository* 12, no. 4 (Apr. 1843): 201.

［42］ Brook, Simon S., "Chinese curiosi: 19th century examples of the east-west titration", *Journal of the Royal Society of Medicine* 78, no.

11 (Nov. 1985): 948.

[43] Chinnery, George, *The International Studio an illustrated magazine of fine and applied art* 72, no. 284 (Feb. 1921): 87.

[44] Brook, Simon S., "Chinese curiosi: 19th century examples of the east-west titration", *Journal of the Royal Society of Medicine* 78, no.. 11 (Nov. 1985): 946.

[45] "Peter Parker's Lam Qua Paintings Collection", Harvey Cushing / John Hay Whitney Medical Library, Yale University Library (耶鲁大学医学院图书馆), https://library.medicine.yale.edu/find/peter-parker/20240220.

[46] 相关信息参见 https://artuk.org/discover/artworks/search/actor:lam-qua－18011860－3409/page/2#undefined/20240220.

[47] ［美］韩瑞著，栾志超译:《图像的来世：关于"病夫"刻板印象的中西传译》，第 107 页。

[48] "Hoo Loo Case, Guan Qiaochang Lamqua (1801－1860) (Style of)", https://artuk.org/discover/artworks/hoo-loo-case－227545/2021－03－03.

[49] Gordon Museum, Guy's and St. Thomas's Charity, https://artuk.org/discover/artworks/hoo-loo-case－227545/2021－03－03.

[50] 滴定（titration）在分析化学中是一种分析溶液成分的方法。将标准溶液逐滴加入被分析溶液中，用颜色变化、沉淀或电导率变化等来确定反应的终点。李约瑟借用化学反应中的"滴定"概念，对中西文明在社会和思想上的种种成分加以比较，以解释为什么中国的科技成就在中世纪遥遥领先，西方却后来居上产生了现代科学。［英］李约瑟著，张卜天译:《文明的滴定——东西方的科学与社会》，北京：商务印书馆 2016年。Brook, Simon S., "Chinese Curiosi: 19th century example of the east-west titration", *Journal of the Royal Society of Medicine* 78, no. 11 (1985): 945－948.

［51］ Guys Hospital, *Guy's Hospital Gazette* XV (2 March 1901): 98.
［52］ 感谢伦敦大学历史学系林友乐博士与爱德华先生的沟通并提供相关信息。

余论　何鲁的遗产

［ 1 ］ "Guy's Hospital", *The Lancet* 16, no.398 (16 April 1831).

［ 2 ］ Foreign Department, "Paper read in the name of M. Dupuytren before the Royal Academy at Paris on two cases of extirpation of fibrous tumours", *The Lancet* 4, no.49 (24 Sept.1824): 304.

［ 3 ］ Frankum, Richard, "On the cause of Hoo Loo's Death", *The Times*, 23 April 1831.

［ 4 ］ Goodeve H. H., "Fatal Case of Removal of an Enormous Tumour", *The Lancet* 30, no.782(18 Aug.1838): 718−721.

［ 5 ］ "Operations on the Scrotum", Fergusson, William, *A System of Practical Surgery* (London: John Churchill, 1846): 605−606.

［ 6 ］ *A Biographical History of Guy's Hospital,* p.333.

［ 7 ］ "Testicle (Human Anatomy)", in Edited by Todd, Robert B. *The Cyclopedia of Anatomy and Physiology* (London: Longman, Brown, Green, Longmans & Roberts, 1836): 1013. "Operation for elephantiasis scroti". *The Lancet* 27, n.683(1 Oct.1836): 37−38; Curling, T. B., *A Practical Treatise on the Diseases of the Testis* (Philadelphia: Blanchard and Lea, 1856): 399. Chevers, Norman, "Practical Notes on the ordinary Diseases of India, Especially Those Prevalent in Bengal", *The Medical Times and Gazette* 1, no.1758 (8 March 1884): 314.

［ 8 ］ Chelius, J. M., translated from the German by South, John F., *A System of Surgery* (London: Henry Renshaw, 1845), vol. II:806.

［ 9 ］ T. B. Curling, *A Practical Treatise on the Diseases of the Testis,* P. 399.

［10］ Eve, Paul Fitzsimmons, *A Collection of Remarkable Cases in Surgery* (J. B. Lippincott and Company, 1857):706.

［11］ "Penis and Scrotum", Samuel Wilks, *Lectures on Pathological Anatomy delivered Guy's Hospital during the Summer Sessions* (London: Longman Brown, Green, Longmans and Roberts,1858): 393.

［12］ Whitby, J. D., "Death during operation", *British Journal of Anesthesia* 47, issue 3(1975): 409.

［13］ "Guys Hospital", *Guy's Hospital Gazette* XV (2 March 1901): 98.

［14］ Brown, Michael, "Surgery and Emotion: The Era Before Anesthesia," edited by Schlich, Thomas, *The Palgrave Handbook of the History of Surgery* (London: Palgrave Macmillan, 2018):343.

［15］ "The Guy's Hospital Gazette", *The British Medical Journal* 1, no.2460(22 Feb.1908):460－470.

［16］ "Surgery and Emotion: The Era Before Anesthesia," p.345.

［17］ Whitby, J. D., "Death during operation", *British Journal of Anesthesia* 47, issue 3(1975): 409.

［18］ Parker, Peter, "Ophthalmic Hospital at Canton: first quarterly report, from the 4th of November 1835 to the 4th of February 1836, case no.446". *The Chinese Repository* 4. no.10 (1 Feb.1836): 468.

［19］ Parker, Peter, "The Fourteenth Report of the Ophthalmic Hospital, Canton, Including the period from 1st July 1845 to 31st December 1847", *The Chinese Repository* 17, no.3(1 March 1848):133－150.

［20］ "Surgery and Emotion: The Era Before Anesthesia," p.331.

［21］ Stanley, Peter, *For Fear of Pain, British Surgery,1790－1850* (Brill, 2003): 262.

［22］ Dormandy, Thomas, *The worst of Evils: The fight Again Pain* (New Haven: Yale University Press, 2006): 5.

[23] Wishart, Adam, *One in three: a son's journey into the history and science of cancer* (New York: Grove Press, 2007): 16–19.

[24] Pennestrì, Federico, History of Medicine (2019), Lecture 6, Università Vita-Salute San Raffaele.

[25] Barnes, Linda L. *Needles Herbs Gods and Ghosts, China Healing and the West to 1848*(Cambridge: Harvard University Press, 2007): 293.

[26] 拉瑞，法国外科医生，是战场医疗和伤病员分诊的创新者，被认为是第一位现代军医。

[27] Isaacson, Wotton, "Elephantiasis of the Scrotum", *The transactions of the provincial medical and surgical association* xviii(1851): 243–249.

[28] "Penis and Scrotum", Wilks, Samuel, *Lectures on Pathological Anatomy delivered Guy's Hospital during the Summer Sessions* (London: Longman Brown, Green, Longmans and Roberts,1858): 393.

[29] Jefferys, W. H., and Maxwell, J. L., *The Disease of China including Formosa and Korea* (Philadelphia: P. Blackiston's Son & Co.,1910): 451–452. 该书的中文名称为《华人病证篇》(上海：尹文思图书公司 1910 年)。两位编者分别是上海同仁医院外科医生兼上海圣约翰大学教授、《博医会报》编辑部主任 W. H. Jefferys（1871—1945）和博医会会长小马雅各 (Dr. James Laidlaw Maxwell Jr., 1873—1951)。

[30] Brook, Simon S., "Hoo Loo's Great Operation" – 150th Anniversary' by Simon S. Brook regarding an operation performed on a Chinese patient by Aston Key.

[31] Brook, Simon S., "Chinese Curiosi: 19th century example of the east-west titration", *Journal of the Royal Society of Medicine*, vol.78, 1985: 945.

何
鲁
之
死

[32] Edwards, Bill, "Chinese Tumours," *Journal of Visual Communication in Medicine* 34, no. 2(June 2011): 83.

[33] Rachman, Stephen, "The Lonesome Death of Hoo Loo: Surgery and Chinese Identity in the 1830's, American Association for the History of Medicine: Report of the Seventy-eighth Annual Meeting", *Bulletin of the History of Medicine* 79, no.3(2005): 1548.

[34] Gould, George M., and Pyle, Walter L., *Anomalies and Curiosities of Medicine* (New York: Bell Publishing Company, 1956): 1980.

[35] Morris, Thomas, *The Mystery of the Exploding Teeth* (New York: Dutton, 2018): 296 – 309.

[36] Maslin, Janet, "Book Review: One in Three-Culture-International herald Tribune", *The New York Times*, 15 Feb.2007.

[37] Kennedy, Meegan, "'Poor Hoo Loo' : Sentiment, Stoicism, and the Grotesque in British Imperial Medicine", in edited by Marlene Tromp, *Victorian Freaks", The Social Context of Freakery in Britain* (Sheridan Books, Inc. 2008): 79 – 118.

[38] Ibid., p.92.

[39] Ibid., p.76.

[40] Giese, Hannah, *Giants, Dwarfs, and Skeletons on Display: Created Identity and the Commodified Abnormal Body in Georgian and Victorian Britain,* Thesis of University of Washington, 2012.

[41] Shawn Xiaoyan-Lu Foster, *Transferring Western Medical Professional Institutions to China — Riding with Missions and Dismissing Native Medicine, 1807 – 1937: Guangzhou, Shanghai, and Changsha.* A dissertation Submitted to the Faculty of the University of Minnesota, USA. 2019.

[42] 关于关乔昌的作品研究参见注 260.

[43] Kamola, Jadwiga, *Tumour im Blick: Patientenporträts im 19. Jahrhundert*

zwischen Kunst, Medizin und Physiognomik (Vandenhoeck & Ruprecht Gmbh & Co; Aufl. ed. Edition, 13 Aug. 2018).

［44］［美］韩瑞著，栾志超译：《图像的来世：关于"病夫"刻板印象的中西传译》，第 107 页。

［45］Simpson. W., "The Operation on Hoo Loo, To the Editor of The Lancet", *The Lancet* 16, no.399 (23 April 1831): 110.

［46］*The Lancet* 16, no.398 (16 April1831): 88.

［47］Simpson, W., "The Operation on Hoo Loo, To the Editor of the Lancet", *The Lancet* 16, no.399 (23 April 1831):111.

［48］Frankum, Richard, "On the cause of Hoo Loo's Death", *The Times*, 23 April 1831.

［49］刘禾著，杨立华等译：《帝国的话语政治：从近代中西冲突看现代世界秩序的形成》（修订译本），第 67 页。

［50］Manson, Patrick, *Repot of the Amoy Missionary Hospital for the Year 1871* (Hong Kong: De Souza & Co.,1871): 6 −7; "Drs. Muller and Manson's Report on the Health of Amoy for the Half Year Ended 30th September 1871", *The Custom Medical Report* xi (July-September 1871): 13.

［51］"Drs. Muller and Manson's Report on the Health of Amoy for the half year end 31st March 1872", *The Custom Medical Report* xiii (Jan-Mar.1872): 32.

［52］"Drs Manson's Report on the Health of Amoy for the Half-year ended 30th September 1876", *The Custom medical Report* 12 (April-September 1876): 40.

［53］李尚仁：《帝国的医师：万巴德与英国热带医学的创建》，第 95 页。

［54］关于万巴德在热带病学研究上的突破与创新，详细参见李尚仁：《帝国的医师：万巴德与英国热带医学的创建》。

［55］［法］米歇尔·布莱、埃夫西缪斯·尼古拉依迪斯主编，高煜译:《科学的欧洲：科学地域的建构》，北京：中国人民大学出版社 2007 年，封底。

回响

［1］ Hunter, John *Treatise on the blood, inflammation, and gun-shot wounds* (London: Sherwood, Gilbert and Piper, 1828)，该书最早出版于 1794 年，它在炎症和血管的手术治疗方面是非常有影响力的作品。

［2］ 在《柳叶刀》上发表的正式论文中，记录输入的是 6 盎司血。

［3］ "Paid for in blood: Medical rare books display", May 8, 2018, by Libraries and Learning Services.

后 记

1987 年夏天的一个下午，我在上海医科大学的图书馆找到一部英文著作——《中国医史》（ *History of Chinese Medicine, 1932* ）。那时我刚从上海郊县的一所中学支教回到学校上班，准备下半年新学期上课的内容。课程重点是讲授晚清西方医学传入中国的这段历史，于是，我先挑了《中国医史》中晚清部分阅读。当时我对中国医学的历史不谙熟，发现作者讲述的中国近代医学历史是从前近代即晚明耶稣会士入华开始论述的，1805 年英国东印度公司船医为华人接种牛痘正式开启了近代中国医学的历史，读后颇为吃惊。虽然，我在大学学历史时，导师教导我们要认真思考近代史开端的几种说法，但那个时期的主流观点还是将近代史的开端定在 1840 年，由此意识到中国近代医学历史有可能对中国近代史书写范式提出挑战。阅读中

令我极其震撼的是书中记录的一段发生在鸦片战争前的医疗事件：1831 年，东印度公司医生曾送一位中国病人去伦敦求医，病人最后死在手术台上。1987 年是我大学本科毕业的第二年，英语阅读能力相当弱，无法完全读透这段历史，而书中提到的大量原始史料，在那个时代根本无从着手寻找。在之后从事医学史教学与研究的数十年间，我始终没有能力去触碰这段历史，但是那位中国病人的故事却一直萦绕在心头，很想知道，当时究竟发生了什么，他究竟得的是什么病，他是如何抵达英国的，他是怎么死在医学昌明的伦敦的，后来又有什么后续的结果。

三十几年来，我从未忘记过这个令人伤痛的故事，直到 2020 年，我应中华书局邀请为他们即将出版的新书《西医来华十记》写书评时，从苏精先生的著作中又一次读到了这个故事。苏精先生采用的是东印度公司档案和《柳叶刀》的资料，我随即写邮件向苏老师请求察看当年的档案，苏老师慷慨地将原始档案的复印件发给我，并热心地将潦草的手写体转写成正规的文字一并传给我，此时，我意识到自己可以追索这段历史了。

2020 年整个夏天困守在家中，我整天在网上搜索《柳叶刀》《泰晤士报》和各种医学期刊，爬梳所有与此事件相关的史料，意外地发现了道尔的漫画和艾伦的画作，由此联想到，这个医疗事件有可能曾经在伦敦引起过轰动。二是又通过付费订阅大英图书馆的报刊数据库，从中检索 1830 年代的所有媒体报道和盖伊医院相关档案。在电脑前时而有目标、时而盲目地长时段翻阅网络资源，成为我 2020 年盛夏的日常。我尽可能地将自己置身 1830 年代伦敦的空间中，捕捉 1831 年 4 月伦敦城空气中流传的所有信息，慢慢形成通过何鲁三幅画的方式来讲述这个一度震撼全球的医疗事件，探究"何鲁三像"的历史现象。在书稿即将完成之际，我又习惯性地上网搜索，希望自己不要遗漏任何有质量的信息。一日浏览旧书拍卖网，无意中看到了正在拍卖凯赠送给福特的外科书，在读到"那天出门时，福特并不知道自己最终不仅仅是一个旁观者……"这段文字时，何鲁无助地躺在手术台的场景扑面而来，心中一阵颤抖，唏嘘不已，我便将此拍卖主题译为"血酬"，以此纪念何鲁作出的牺牲。

1831 年 4 月 9 日下午 3 点左右，何鲁在英国伦敦盖伊医院解剖学剧场的手术台上去世，那年他 32 岁，送他去英国求诊的郭雷枢医生 34 岁，主刀医生凯 38 岁；三位三十几岁的青年人成为这段历史的主角，他们的行动和想法构成了一段惊心动魄的历史。

环顾中文世界的研究，除了 2020 年苏精在东印度公司在华船医研究中简述了该事件，20 世纪 40 年代王吉民先生最早在《中国新医事物纪始》一文中提及此事，他的史料和史观都直接受到医学传教士叙事的影响。1834年，在广州的商人、传教士和医生考虑在华创建"医学传教"事业——"在华医务传道会"（The Medical Missionary Society in China）和"中国与东方医学慈善会"（The Medical Philanthropic Society for China and the East），何鲁手术事件就此在华人西人中公开报道宣传。1835 年《中国丛报》（*The Chinese Repository*）详细叙述了该事件的经过，表彰郭雷枢开启医学慈善的同时，以此论证在华开展"医学传教"的必要性和可行性，为"医学传教"概念的建构输送炮弹。它作为西方医生在中国从事慈善医疗的重要业绩之一，成为西方医学传入中国的前奏曲而记入中国近代医学史册。1932 年出版的英文版《中国医史》就是沿用上述史料和史观的。

追随何鲁西去的旅程，会令人惊讶地发现，1831 年 4月的伦敦可谓"满城皆谈何鲁"。何鲁手术是当时媒体最为关注的事件之一，不仅抓住了伦敦和周边城市市民的眼球，而且波及苏格兰高地，甚至卷入同时期英国议会改革的政治运动中。在《柳叶刀》编辑的引导下，英国医学界对这场失败的手术展开激烈争论，就外科医生在技术冒险与医学道德间的权衡进行反思。甚至法国和欧洲其他国家的外科医生都参与其间，就何鲁的死亡原因、手术是否该进行、如何操作等方面议论纷纷，何鲁手术在近代外科学史上留下了沉重的一笔。

"何鲁事件"在当时英国社会和政坛引起的轰动，他作为"国体代言人"的这段历史至今未有学者发现，本书是首次披露。"何鲁事件"波及欧洲大陆和北美，由此产生的反响完全超越了医学史的范畴。

至今，围绕何鲁手术的叙事大都以西文展开，集中在两个领域。一是外科学史层面，西方科学史家在对何鲁勇敢行为表示敬畏的同时，逐渐呈现出人文主义的悲悯和对科学进步的感恩。另一个是历史学层面，一方面何鲁的身体成为维多利亚时代的怪胎、东方神秘主义和病态中国人的标识；另一方面，何鲁的畸形身材和西去求医的艰辛历程，展示了19世纪中国医疗技术落后的状态，以此衬托西方医学传教士在华传播科学知识的努力和成功，尤其强化医学传教在此过程中所产生的决定作用。

近二十年来，随着图像艺术的方法论在历史学研究中的渗透，研究者们发现何鲁的畸形身材曾是19世纪西方社会建构中国病态形象的重要元素之一，而当何鲁的身材遇到"帝国医学""东方主义""病态形象""身份认同"

和"医学传教"等新流行的史学议题时，他离奇的故事有可能擦出吸引人的火花，于是在历史中沉寂将近两个世纪的何鲁开始进入史学家的视野。2003 年在美国医学史年会上，一位非中国学的研究者分享他的《孤独之死的何鲁：1830 年代的外科术与中国身份》研究。2008 年出版的《维多利亚时代的奇观——英国社会背景下的怪胎》一书则从图像史和帝国医学角度审视了何鲁的手术及社会反响的全过程，试图探讨 19 世纪英帝国的扩张焦虑和对中国形象认知的文化心理。2017 年，"悲惨的何鲁"登上了《纽约时报》的书评，2012 年和 2019 年分别有两篇博士论文涉及何鲁事件。

本书以英国的医学报告、媒体报道、政治漫画和博物馆展览为基本史料，将何鲁置于 19 世纪欧洲外科学生态环境考察东西方医学的真实差异。由三幅留存在西方世界的何鲁画像切入，还原当时社会舆论，并努力摒弃所有的概念式思考，希冀能从矛盾的陈述中梳理前因后果，重新构画"何鲁事件"的真相。同时，通过梳理一百多年来，各种历史记录中对这场"致命手术"的不同叙事、不同笔触下所呈现的何鲁的医学图像、国家形象和医学慈善的不同形象，以及近代以来关于西医传入研究中的史料与史实的相关度问题，分析"医学传教"和"病态华人"的形象是如何通过历史叙事建构的，由此思考近代医学史中的史料、史实与历史叙事之间的复杂关系。

本书最初是一篇较长篇幅的学术论文，曾投掷于国内重要历史刊物，因刊物篇幅所限被要求删减而搁置了一段时间。中华书局贾雪飞女士再三鼓励我修订成长篇，以书稿形式出版，才有今天这部小书，感谢她的慧眼和胆识。本书编辑吴艳红女士对稿本的版式、图版设计和文字审校提供诸多帮助，尤其是她建议我详写"律劳卑事件"，我才发现了郭雷枢是"律劳卑事件"隐形人物的史实，对此衷心感激。本书写作于2020年到2024年，其间曾在华中师范大学主持的国际学术会议上做过演讲，感谢马敏教授和徐炳三教授的盛情邀请。2023年受夏明方教授的邀请在中国人民大学就修订之后的内容做过演讲，感谢杨祥银教授的点评。北京大学陈明教授在繁忙的学术与教学活动期间阅读此稿，不仅提供印度梵文"象皮病"的史料，还仔细修订文中的病句与错字，盛情高谊铭记在心。书中那张"阿索尔公爵夫人"号名信片是复旦大学徐家宁博士提供的，它为读者想象何鲁西行的旅程提供了真实的画面，深表谢意。感谢在写作过程中提供帮助与支持的同学们——伦敦大学博士生林友乐，复旦大学的胡冬敏、肖馥莲、林梦月、万良和马汲青，因为他们，我能够没有障碍地找到需要的所有资料，完成这部书稿。复旦大学上海医学院的黄滢睿同学翻译了《柳叶刀》上那篇以 19 世纪英文撰写的专业论文，何鲁手术的历史场景得以生动地呈现在读者面前。最后一定要感谢的是苏精先生，正是由于他的著作和档案，我才有可能完成三十几年来的一个心愿，让世人了解在 1840 年鸦片战争爆发前，曾经有一名唤作何鲁的小人物在中英之间，乃至全球掀起过一场惊心动魄的事件。

2024 年 5 月 20 日于上海